如何成为一名反思型教师

BECOMING A REFLECTIVE TEACHER

[美] 罗伯特 · J.马扎诺 Robert J.Marzano　蒂娜 · 布格伦 Tina Boogren
塔米 · 赫夫尔鲍尔 Tammy Heflebower　杰西卡 · 卡诺德-麦金太尔 Jessica Kanold-Mcintyre
黛布拉 · 皮克林 Debra Pickering　著

中国青年出版社

图书在版编目（CIP）数据

如何成为一名反思型教师 /（美）罗伯特 · J. 马扎诺等著；田新宇译.
—北京：中国青年出版社，2024.6
书名原文：Becoming a Reflective Teacher
ISBN 978-7-5153-7275-4

Ⅰ.①如… Ⅱ.①罗…②田… Ⅲ.①教学研究 Ⅳ.①G420

中国国家版本馆CIP数据核字（2024）第096655号

如何成为一名反思型教师

作　　者：［美］罗伯特 · J. 马扎诺　蒂娜 · 布格伦　塔米 · 赫夫尔鲍尔
　　　　　杰西卡 · 卡诺德–麦金太尔　黛布拉 · 皮克林
译　　者：田新宇
责任编辑：肖妧嫔
文字编辑：郑敏芳
美术编辑：杜雨萃
出　　版：中国青年出版社
发　　行：北京中青文文化传媒有限公司
电　　话：010–65511272 / 65516873
公司网址：www.cyb.com.cn
购书网址：zqwts.tmall.com
印　　刷：大厂回族自治县益利印刷有限公司
版　　次：2024年6月第1版
印　　次：2024年6月第1次印刷
开　　本：787mm × 1092mm　1/16
字　　数：228千字
印　　张：18
京权图字：01–2022–6159
书　　号：ISBN 978-7-5153-7275-4
定　　价：59.90元

目录 | CONTENTS

引言

本书旨在为教师、学校和地区教育管理者提供基于深入研究的教学策略，供其在教学实践中参考，进而提高学生学习成绩。本书介绍的许多策略已经在其他作品中谈及，这些作品包括《有效的课堂教学》(*Classroom Instruction That Works*)、《有效的课堂管理》(*Classroom Management That Works*)、《教学的艺术和科学》(*The Art and Science of Teaching*)和《有效监督》(*Effective Supervision*)等。上述著作只用一个章节或某一章节中的一部分探讨了相关策略，但本书却用整本书研究一种教学策略或一套相关策略。

很显然，教学是一种技能，像其他任何技能一样，必须加以练习。正如想要提升技能的运动员必须认清个人优劣势、设定目标并照此集训一样，教师也必须时时反思自己的教学实践，设定改进目标，并通过集中练习和反馈实现目标。这样的反思过程对教学专业知识的积累至关重要。

本书第1章虽然简短，包含的内容却甚广，是对反思型教学实践相关研究和理论的简要回顾。读者可以跳过这一章，直接阅读包含课堂实践建议的章节，然而我们强烈建议读者精读这些研究和理论，因为它是整本书的基础。

鉴于研究和理论只能为课堂实践提供一个大体方向，本书旨在进一步让研究成果在课堂教学中落地。具体而言，本书阐述了教师如何将有效的教学模式与目标设定、集中练习、针对性反馈、教学观摩及讨论结合起来，以改良他们的教学实践。

本书的特色是第7章，它将280种具体的课堂策略和行为与第2章的41个有效教学要素予以匹配。选定具体的有效教学要素作为改进目标（见第3章）之后，教师必须集中精力将与目标要素相关的课堂策略（见第4章）付诸实践。为使这一过程顺利进行，第7章中41个有效教学要素均包括完备且简洁的多种策略和行为。教师无须查阅其他书籍或来源便可以使用这一章快速查找并学习有助于教学实践和个人成长的策略。

如何使用本书

教育工作者可以将本书视为用于深入领会反思型教学实践的自学用书。每一章节的末尾设有一些理解题，建议读者自行作答并参考附录A中的答案。答题过程十分必要，可以帮助读者回顾章节内容，并检验理解情况。

打算深入研究反思型教学实践的教师团队或学校也可使用本书。教师团队最好就各章节后的题目独立作答，并在小规模或大规模的学习小组中展开讨论。

如上所述，“第7章”是为教师量身定制的快速参考工具，无须通读。只需在阅读各个章节时，参考与改进目标相关的策略。“第7章”中的策略即集中练习的主题，还可为实施反馈、课堂观摩和教学讨论提供相关细节和框架。

第 1 章

相关研究与理论

教育工作者普遍认同的一个事实是，教师的教学行为会直接影响学生的学习成绩。也就是说，教师的教学技巧与学生的学习效果和知识掌握情况构成因果关系，而教师的反思性实践又必然会提高课堂教学技巧。三者关系见图1.1。

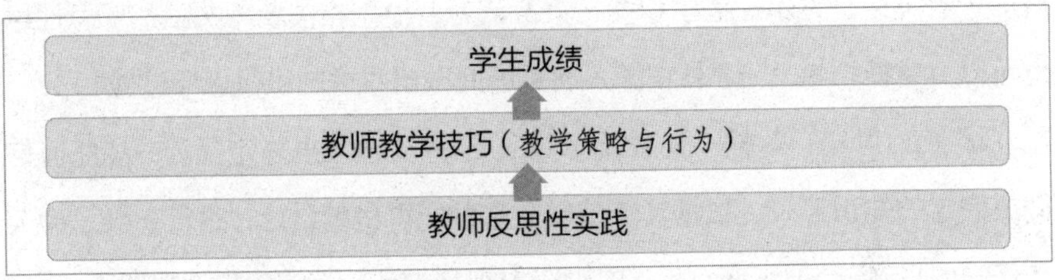

图1.1 学生成绩、教师教学技巧和教师反思性实践之间的相互关系

教师的教学策略和行为与学生学习成绩之间的关系非常直观。虽然相关研究文献对反思性实践和教学技能之间关系的探讨已经持续了长达几十年之久，但是关于两者的因果关系仍然未达成共识。

反思性实践简史

反思性实践曾一度被视为职业发展的重要因素之一。我们总结了有关反思性实践研究与理论基础的五大要点：

1. 反思性实践并非新提法。
2. 反思性实践的重要性已经得到普遍认可。
3. 反思性实践深受唐纳德·舍恩的影响。
4. 反思性实践对技能提升至关重要。
5. 反思性实践并未在K-12教育中得到充分应用。

反思性实践并非新提法

反思个人经历是众多古代东西方哲学的基本理念。佛教强调反思是个人探寻深刻见解及真理的主要途径。在古希腊，苏格拉底告诫学生们“未经审视的人生，是不值得过的”(引自柏拉图《申辩篇》)。詹妮弗·约克·巴尔、威廉·索莫斯、戈尔·盖尔和乔·蒙蒂认为，根据相关参考文献，反思性思考可以大体概括为“一个旨在深入理解进而做出改进的积极思考过程”。

早在20世纪，约翰·杜威就于1910年将反思性思考定义为“对任何信仰或假定的知识形式，根据其基础以及它可能得出的结论，进行积极、持久和仔细的思考”。他强调，反思有助于审视影响我们行为的信念和理论。

反思性实践的重要性已经得到普遍认可

反思性实践对于众多行业，尤其对于需要现场做出决定和调整的职业而言尤为重要，应用也十分广泛。对于缺乏实践经验的新手来说，当场做出决定或调整尤为不易，而反思恰恰可以帮助这些专业领域的学生积累经验，获得成功。谈及反思在法律职业中的作用时，菲丽芭·安扎隆说道：

> 反思帮助学生们对照所学知识审视并检验自己的信仰和原则，并帮助学生们对照法律职业的习惯和规范反思自己的信仰和价值观。通过反思，学生们会渐渐审视自我，审视自己即将从事的职业。

金姬淑、劳里·克拉博、帕特里夏·伯班克和玛丽·马丁斯在关于护理专业的论著中将反思性实践称作“一种能缩小理论和实践之间差距的方式”，以及“一种发掘实践中所蕴含的知识的方法”。玛丽安·墨菲、玛丽亚·登普西和卡梅尔·哈尔顿曾这样描述社会服务工作中的挑战：

有些时候，学生们和从业人员不得不承认自身知识的局限性，并需要做出适当的反应。在实践中需要及时做出反应时，反思有助于实践者从已有实践经验中吸取教训，并将其应用到新的、不熟悉的实践情境中。

在以上所提及的领域以及其他诸多领域中，反思性实践是公认的促进职业发展与进步的有力工具。反思性实践可以促进人们加工并整合新的知识，帮助学生们和从业者在陌生的情境中做出明智的决策。

反思性实践深受唐纳德·舍恩的影响

唐纳德·舍恩于1983年撰写的《反映的实践者：专业工作者如何在行动中思考》一书，将反思概念应用于多种职业，以此证明反思性实践不仅能帮助研究人员产出专业知识，也能帮助医生、教师、建筑师、工程师等从业者产出专业知识。他认为“称职的从业者所知大于所能言”，并将此类不言自明的知识称为“实践中的真知”。

舍恩倡导所有行业的从业者都应该借助“实践中的反思”积累隐性知识，进而提升技能。舍恩区分了实践中的反思（在行动中反思并及时调整行为）和对实践的反思（事后反思）。舍恩说道，我们在实践中反思时，“我们仍然可以改变现状——我们的思维能够在工作进行时重塑手头正在从事的工作”。

舍恩认为，实验在反思性实践中也起着重要的作用。他指出，“对令人不安或充满前景的事物的感知”，会启动实验和反思过程，而这一过程“因产生了总体上令人满意的变化，或因发现了赋予情况新意义和改变待探究问题性质的新特征而终止”。

反思性实践对技能提升至关重要

关于专业知识的研究文献含蓄地支持反思性实践的重要地位。几个世纪以来，人们认为技能或天分仅仅赐给天选之人，除非某人对某领域颇具天赋，否则不可能练就精湛的技能。古代哲学家认为，出众的才能乃神明所赐，因此专家们天生就比其他人卓越。即使在当代，依然有许多人认为某些特定的才能（例如智力）是天生的，成功人士生来就比普通人拥有更多天赋，因此表现更加突出，更容易成功。

安德斯·艾利克森和尼尔·查恩斯经过探究相关研究，却推导出与之相反的观点："传统观点认为成功人士天赋异禀，能力卓越，这一观点与经审查的证据不一致。"艾利克森及其同事拉尔夫·克兰佩以及克莱门斯·特施·罗默发现：

> 出乎意料的是，认为稳定的可遗传特性是成功人士表现卓越的主导因素或因素之一的观点实际并不成立……人们之所以相信天赋十分重要，似乎是因为没有足够的替代假设来解释卓越表现的特质。

基于以上证据，艾利克森及其同事们提出：

> 专家和普通从业者之间的区别在于专家终其一生在某一领域努力奋斗，提升业务水平……我们认为精英表现是在10年甚至更长的时间里，通过合理安排练习，尽最大努力提高某领域专业表现的结果。

以下各位名人的成功打破了"天资聪颖或天赋异禀"的神话。人们普遍认为，他们之所以成功，是因为拥有与生俱来的天赋，事实上他们经历了长期的艰苦训练（通常师从父母或其他大师）方才成长为业内专家：

- **马友友**——其父马孝骏是一位音乐教师、作曲家兼指挥家，母亲是一位受过专业训练的歌剧演唱家，姐姐则从三岁开始学习音乐。全家甚至为了实现马孝骏组建儿童管弦乐队的愿望举家迁往巴黎。马友友从一出生便受音乐的熏陶，听过几百场演奏录音和现场演奏的古典音乐。他迫切地想成为爸爸和姐姐那样的人，因此每次演奏之后都会主动听取他们的反馈和批评意见。年纪尚小时，父亲就为他量身定制了授课方法，并在他四岁时，允许他从学习小提琴转为学习大提琴。

- **米开朗基罗·博那罗蒂**——米开朗基罗生长在一个石匠家庭，甚至在他还不会读书写字时便学会了使用锤子和凿子。他曾做过艺术家基尔兰达约的学徒，每天需要投入大量时间学习素描、临摹及绘画。青年时期，他在佛罗伦萨教堂雕刻壁画，受到了雕塑大师贝托多的指导。在练习和实践了18年后，米开朗基罗完成了他一生中最伟大的作品之一——《圣殇》。
- **勃朗特三姐妹**——夏洛蒂、艾米莉和安妮在年幼时期每天都会花大量时间写短篇文章，而大部分文章内容都是从她们阅读的杂志和书本中摘录或模仿而来的。尽管这些早期的尝试并不是很成功，但是她们在人物、场景、叙事和情节等方面练就了扎实的写作功底，并逐渐成为更加优秀的作家。成年后，三姐妹凭借《简·爱》《呼啸山庄》《艾格妮丝·格雷》和《怀尔德菲尔府上的房客》等作品赢得了广泛赞誉。
- **杰瑞·莱斯**——莱斯在高中和大学期间都坚持打美式橄榄球，并因为奔跑速度快而大获成功。然而，在1985年橄榄球选拔赛上，全国橄榄球联盟的球队认为他天赋不足，因此被15支球队拒签。最终，旧金山49人队签下了他。从那时起，他便下定决心要付出比常人更多的努力。每次接球之后，莱斯都会冲到对方端区。即使在休赛季，他也依然坚持每周训练六天。他采用剧烈的心血管系统训练法，以及其他球员尝试过但因致病而无法完成的力量训练法。得益于长期的刻苦训练，他成为总接球数、总触地接球数和总接球码数的纪录保持者，比之前的纪录高出50%。

- **克里斯·洛克**——洛克总能引得观众哄堂大笑，因此让人以为他是天生幽默，但实际上他会投入很长时间打磨自己的大型演出节目。每当有了新点子，他首先会举行面向少数观众的热身秀，评估哪些笑话效果好，哪些不好，删去效果不佳的片段，重新编排筛选，直到节目笑料频出，调节得当，确保观众能够捧腹大笑。只有经过大量排练和不断优化后，他才会最终呈现给观众。
- **沃伦·巴菲特**——巴菲特的父亲是一名大萧条时期的股票经纪人，在他最初表现出对投资和金融领域的兴趣时给予了相应支持。11岁时，巴菲特开始在父亲的工作室工作，但他在十几岁二十几岁时既不会选择股票也不会把握市场机会。从哥伦比亚大学商学院毕业后，他最喜欢的教授拒绝给他提供一份工作。25岁时，他成立了第一家投资公司。在认真学习商业和投资长达14年之后，他才开始斩获成功。

艾利克森及其同事们提出的“刻意练习”概念与大多数人所认为的练习截然不同。人们常常认为，练习就是训练某种技能直到可以自发运用。例如学习开车时，人们需要首先学习驾驶的基本规则以及如何使用车上的各种控制按钮。经过一段时间的“练习”后，就会慢慢熟练起来，可以自如地转弯、入库、停车和变道。如此周而复始，这些动作就可以自发地进行，无须投入太多脑力。

刻意练习则不同于人们的普遍认知，因为进行刻意练习的人拒绝自发性。他们的目标不是避免思考具体的技能或过程。相反，他们“通过习得更加复杂、精练的认知机制获得更高水平的表现”。为此，个体必须重视“定义理想中更高水平表现的尚未达到且颇具挑战性的任务”。在尝试超出个人当前能力水平的任务时，参与刻意练习的人们常常以失败告终。

这种频繁的失败将刻意练习同进行某项业余体育运动等令人愉悦的练习区分开来。这也不同于米哈里·契克森米哈赖提出的“心流”经历。心流发生在人们从事擅长的活动时，它“相当于完全沉浸且毫不费力地掌控活动”。艾利克森发现，“刻意练习要求跟进明确的目标、反馈和纠错机会，而心流的特点与此要求不一致”。相反，心流经历是让人振奋且愉悦的，“刻意练习要求投入精力，其本质不会让人感觉愉悦。人们之所以有动力去练习是因为练习可以提升表现”。

刻意练习也需要投入大量时间。艾利克森及其同事们通过审查从多个领域收集而来的证据，发现“杰出表现离不开长时间的练习，而最佳的表现和成果则需要至少十年时间的前期准备”。艾利克森把这种需要至少十年专门练习的规律定义为“十年定律”。

哈佛大学教授约翰·卡罗尔提出一种数学比例，用以表示在一项活动上投入的时长如何影响一个人在该活动中的成功。他衡量了以下三方面因素的相互关系：学习一项新事物所花的时间（*他称之为天赋*），愿意花在一项新事物上的时间（*他称之为毅力*），以及允许花在一项新事物上的时间（*他称之为机会*）。契克森米哈赖、凯文·拉桑德和撒母耳·威尔斯就毅力，或一个人愿意为某项新事物花时间的动力评论道：“除非个人渴望追求通向天赋发展的艰难道路，否则不管是天生的潜力还是世界上所有的知识都是不够的。”

专业人士积累知识的方式也展示了刻意练习的重要性及其带来的结果。季清华指出，专家和新手的关键区别之一在于专家组织和构建知识的方式不同于新手。罗伯特·魏斯伯指出，“专家的知识架构丰富且极其复杂，可以有意识地解释并推理具体情况”。也就是说，专家的练习会帮助大脑建立用于储存、组织、加工其专业领域信息的更为完善的系统。例如，要想在伦敦获得工作许可，出租车司机必须通过一项测试，证明自己已经掌握了“相关知识”——对伦敦具体街道、宾馆、路标、景点、餐馆、公园、剧院、商店、纪念馆、商务区和居民区的位置了然于胸。一位名叫埃莉诺·马圭尔的研究者发现，学习这些知识实际上会让司机大脑的某一部位（海马体后部）增大。研究还发现，伦敦出租车司机越是经验丰富，海马体越大。这说明，随着时间的推移，他们不断积累有关“知识”的技术和能力，并在工作和实践中加以提升。

最后，元认知的研究肯定了反思性实践在培养专业知识中的重要性。通过刻意练习提升技能，需要一定程度的元认知或者“对自身知识的了解以及对自我表现的认识”。对于参与刻意练习的人们来说，很难保持这种元认知式的控制和监测。杰奥夫·科尔文认为：因此，对于努力发展专业技能的人来说，教练在提供反馈和指导方面非常有帮助。鉴于教练同学员之间的关系，教练通常可以对学员的表现提出真诚、中肯的评价，并基于他们在相关领域的知识，为学员选择或设计最有助于技能提升的实践活动。

反思性实践并未在K-12教育中得到充分应用

以下例子已经从某种角度说明反思性实践是K-12教育的重要组成部分。例如，许多研究者用事实证明专业技能“根植于实践中，可以持续提升，促进合作式问询和批判性推理，并专注于提升学生成绩”。谢丽尔·克雷格和玛格丽特·奥尔森发现，有效的技能提升应当有助于教师“探索经验的利弊，并做到实践透明化，知识公开化”。然而，尽管不乏有关反思性实践的呼吁，一份2008年美国各州首席中小学教育官员理事会（CCSSO）的报告指出，许多教师能力提升项目依然没有达到这些要求。弗雷德·科瑟根和安吉洛·瓦萨洛发现：

> 当前应用于职场和提升专业技能的教学项目中的反思方式并不总是能带来最佳的学习效果或预期的职业发展。有时，反思似乎仅仅被实践者当作一项解决表面问题的工具，然而这样的解决途径虽然快速却是无效的。若仔细统计反思人数便会发现，即使确实投入时间反思，但是迫于工作压力，人们常常专注于寻找“快速解决之道”——快速解决实际问题的方法……在繁忙的工作中，这也许是一项有效的短期措施，但会造成职业发展终将停滞不前的危险。

科瑟根和瓦萨洛倡导“结构化反思”，认为这可以帮助实现深度学习，以及恰当的专业行为和能力的提升。他们将此定义为“基于内驱式学习的持续性专业技能提升能力”。

日本许多教师使用的课例研究模式便是结构化反思的例子。备课时，一组教师（通常来自不同年级）为具体科目、单元和课程设置目标，之后设计一堂研究课帮助学生们实现这些目标。由小组中的一位教师面向他/她的班级授课，其他教师进行观摩。然后，教师们集体探讨这堂课，分析有关“学生们的参与情况、持续性、情绪反应、小组讨论质量（包括组员的参与质量），以及对任务感兴趣的程度”的资料。随后，教师们做出总结并规划接下来的工作。教师小组的共事时间长达数年甚至几十年，在“授课、对学生思维的了解、课例研究实践和合作性技能及实践”等方面逐渐积累专业知识。哈佛大学所创立的变革领导力小组曾将课例研究定义为“旨在提升教学实践的最完善的教师合作模式”。

其他尝试应用反思性实践的著述包括弗雷德·科瑟根、托马斯·法雷尔和詹妮弗·约克·巴尔等人撰写的相关图书。科瑟根及其同事们提出了教师反思的ALACT框架模式（行动—Action、回顾—Looking back、认识—Awareness、提出其他方法—Creating alternative methods、尝试—Trial）。他们主张教师的反思应始于行动，之后回顾行动并认识其主要方面，反思在主要方面上自己的工作开展得如何。最后，提出其他方法并进行尝试。如此循环往复。过程见图1.2。

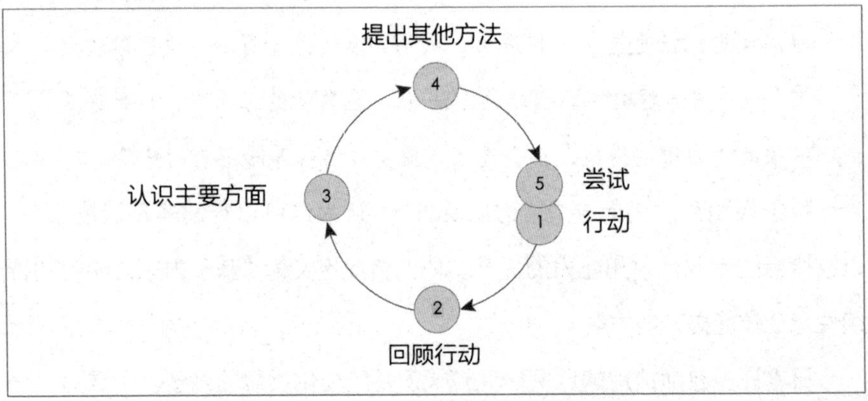

图1.2 ALACT模式，展示了结构化的反思过程

其他人也提出了指导反思的模式和框架。例如，托马斯·法雷尔提出了一个“教师们在反思工作时——不管是一个人，两人一组还是多人小组形式——都可以使用的整体框架”。这一框架所包含的反思性活动（如小组讨论、课堂观摩、教学日志和教学档案）主要包括几个方面：

1. **基本原则**——法雷尔建议就小组会议、课堂观摩、日志撰写和批判性友好关系制定基本原则。

2. **时间分配**——法雷尔建议教师留出时间参与反思活动，例如，独立反思、技能提升和小组反思。
3. **外部输入**——法雷尔建议外部输入可以来自他人的观察、反思或理论，或有关教学实践的研究和文献。
4. **有效状态**——法雷尔承认反思活动有时让人感觉不适，建议使用约定的框架进行反思，以缓解焦虑或尴尬。

詹妮弗·约克·巴尔及其同事们构建了反思实践螺旋，作为“将反思实践视作一种文化规范嵌入学校”的方式。他们主张反思性实践应从个人开始，并推广至更大的群体中。他们从以下几个方面提出了一些活动：

- **独自进行的反思**——撰写日志，案例研究，文献分析，分类归档，以及回顾自己的教学音频或视频；
- **结对开展的反思**——交流日志，认知训练，探讨教案的多种可能性，采取问答循环模式探讨具体问题，阅读并讨论文章，案例研究，检查学生作业；
- **小组或团队反思**——行动研究，学习小组，围绕年级或具体内容开会以设计并分析教案和评价表，批阅学生作业，检查学生学习数据，回顾案例研究；
- **全校范围的反思**——专注于具体内容、教学策略或评估方式的学习小组。

马克斯·范梅南提出反思的三个阶段：(1)技术合理性；(2)实际行动；(3)批判性反思。技术合理性是最低级的反思，使用者以教学知识有限的新手教师居多。反思内容包括如何顺利上完一堂课，或者处理一些突出的课堂管理问题。在这一阶段，教师会遇到很多新问题。在第二阶段，也就是实际行动阶段，教师会反思课堂内容，分析教学的理论支持和依据。这一阶段经常出现的典型疑问是，“我为什么要这样做？”，之后便会逐渐形成“经验法则”以应对不同的情况。在最后一个阶段，即批判性反思，教师通常会关注与教育相关的一般伦理问题。这一阶段的反思涉及“对权威、机构以及专制统治的持续批判”。在这一阶段，教师会反思为什么课程更加关注某些具体的主题或事件，以及这些关注对学生们的学习和信仰有何影响。

吉莉·博尔顿提出了指导教师进行反思性写作的五步法：

1. **六分钟写作**——反思者持续书写至少六分钟，不得中断。目的有二：(1)理清头绪；(2)鼓励写作流畅。具体内容无关紧要，格式不限(列表、诗歌、散文等)，主题不限。所写内容不需要重读一遍或向任何人展示。
2. **写故事**——六分钟写作结束之后，不需要重读一遍，而是即刻选择一件事开始写故事。博尔顿强调要写下脑海中想到的第一件事，内容越详细越好。她同时也建议按照写小说思路进行创作，以避免尴尬或担心细节错误。
3. **阅读和回应**——反思者将所写内容重新读一遍。阅读的同时可以进行修正，补充细节或做出其他合适的调整。同时有意识地思考自己的想法。
4. **与同伴分享**——博尔顿建议同一位可信赖的同事或同伴分享，并请他们提出反馈以及探究性的问题。
5. **拓展式写作**——这一步骤旨在帮助反思者从不同角度审视自己写下的故事。博尔顿建议以他人视角重新写作，撰写评论，六个月或一年后继续创作故事后续，或者深挖其中一个角色的思想和感受。

关于有助于教师在两人小组或多人小组中进行反思活动的具体方案还包括认知训练和批判性友好小组。

本书的组织结构

我们将反思性实践的研究和理论的解读与翻译分成五大类：（1）掌握有效教学模式；（2）设定成长目标；（3）进行集中练习；（4）接受针对性反馈；（5）观课议课。

掌握有效教学模式

在教学反思之前，教师必须大概了解有效教学主要包括哪些组成部分。迈克·波斯纳和玛丽·罗斯巴特主张专家和新手之间的主要区别在于积累的专业知识量不同。类似地，罗伯特·斯腾伯格和约瑟夫·霍瓦斯回顾了心理学资料，用以判断专家教学的主要特征，特征之一是专业知识。他们认为，与新手相比，专家不仅掌握了更为丰富的专业知识，而且"更擅长有效地使用专业知识解决问题"。艾利克森和雅基·史密斯指出，专家掌握的"知识体系不仅比非专家更为广泛，而且更能被灵活运用"。换言之，专家知道专业领域中的哪些策略和行为常常是有效的，针对不同情况选用最好的或最有效的策略或行为。

艾利克森和查恩斯指出，随着一个领域的共享知识库被描述得越来越清晰，该领域的专业知识会被更多的人获得。例如，在音乐领域，人们认为柴可夫斯基和帕格尼尼起初创作的作品很难演奏。但是，如今的小提琴家却可以轻松演奏出来。艾利克森和查恩斯观察到：

> 人们认为帕格尼尼的技巧和柴可夫斯基的协奏曲是无法学会的，直到其他音乐家想出了如何掌握并演绎它们的方法，学生们方才可以学习……在所有主要的领域，无论是专业知识还是技巧和技能都需要日积月累，才能拥有卓越的表现。

本书中，我们以《教学的艺术和科学》作为理解有效教学本质的框架。基于这一框架，我们将重要的预设问题划分为三大类：(1)常规活动课程环节，(2)内容学习课程环节，以及(3)即兴互动课程环节。这三大类目中每个预设问题又进而被拆分成用以描述具体课堂策略和行为的独立要素。此框架之下共有41个要素：5个要素属于常规活动课程环节，18个属于内容学习课程环节，另外18个属于即兴互动课程环节。表1.1描述了这一框架下的课程环节、预设问题和各个要素。

表1.1 《教学的艺术和科学》框架

常规活动课程环节
预设问题：如何设定和传达学习目标，追踪学生的进步并庆祝成就？ 要素1：如何提供清晰的学习目标和量表（评估准则）？ 要素2：如何追踪学生的进步？ 要素3：如何庆祝学生成就？
预设问题：如何制定并维护课堂规则和程序？ 要素4：如何制定并维护课堂规则和程序？ 要素5：如何规划教室的空间布局？
内容学习课程环节
预设问题：如何帮助学生们有效地与新知识互动？ 要素6：如何确定关键信息？ 要素7：如何组织学生们与新知识互动？ 要素8：如何预习新内容？ 要素9：如何把内容划分成易于消化的小节？ 要素10：如何帮助学生们处理新信息？ 要素11：如何帮助学生们详细阐述新信息？ 要素12：如何帮助学生们记录并表述知识？ 要素13：如何帮助学生们反思自己的学习？

（续表）

预设问题：如何帮助学生们练习并加深对新知识的理解？
要素14：如何回顾课程内容？ 要素15：如何组织学生们练习和深入理解知识？ 要素16：如何布置家庭作业？ 要素17：如何帮助学生们分析共性和差异？ 要素18：如何帮助学生们识别推理中的谬误？ 要素19：如何帮助学生们练习技能、策略和程序？ 要素20：如何帮助学生们修正对知识的理解？
预设问题：如何帮助学生们就新知识提出假设并进行检验？ 要素21：如何组织学生们完成综合认知任务？ 要素22：如何引导学生们参与涉及提出与检验假设的综合认知任务？ 要素23：如何为学生们提供学习资源和学习指导？
即兴互动课程环节
预设问题：如何吸引学生们专心上课？ 要素24：发现学生未参与课堂学习时怎么做？ 要素25：如何使用教学游戏？ 要素26：如何管理学生应答率？ 要素27：如何利用肢体动作？ 要素28：如何保持灵活的课堂节奏？ 要素29：如何满怀热情全身心投入教学？ 要素30：如何开展友好辩论？ 要素31：如何为学生们提供谈论自己的机会？ 要素32：如何导入不寻常或新奇的信息？
预设问题：如何识别并确认学生们是否遵守规则和程序？ 要素33：如何展示洞悉全局的能力？ 要素34：如何应对不遵守规则和程序的行为？ 要素35：如何肯定遵守规则和程序的行为？

（续表）

预设问题：如何建立和维护有效的师生关系？
要素36：如何了解学生的兴趣和背景？
要素37：如何使用语言和非语言行为表示对学生的关爱？
要素38：如何展示客观性与控制力？
预设问题：如何传达对所有学生的高期望？
要素39：如何向低期望学生表示重视和尊重？
要素40：如何向低期望学生提问？
要素41：如何探究低期望学生的错误答案？

正如表1.1所示，第一大类“常规活动课程环节”主要关注教师日常教学活动所使用的策略和行为，包括制定并传达学习目标，追踪学生的进步，表彰成功以及制定并维持课堂规则和秩序。第二大类，“内容学习课程环节”，策略和行为主要包括帮助学生们有效接受新知识，付诸实践并加深对新知识的理解，提出并验证基于新知识的假设。第三大类“即兴互动课堂环节”主要讨论教师的课堂策略和行为，以使学生们参与进来，识别或肯定遵守或不遵守规则和秩序的行为，建立并保持与学生们的有效联系，并向所有学生传达对他们的期望。第2章将详细介绍这一模式。

设定成长目标

习得专业知识的道路始于一小步，也终于一小步。对于反思型教师而言，这意味着每年针对课堂策略和行为设定具体目标。例如，在具体的一年内，教师可以就常规活动、教学内容、即兴互动分别制定一项成长目标。为此，教师将首先对照表1.1中的41项要素进行自我打分，完成自我评估。因为涉及对个人优缺点的回顾与反思，所以这一过程可以被看作是舍恩“在行动中反思”的一个方面。第3章介绍了教师可以使用0到4分的量表或衡量标准进行自我评分的工具和流程。通过自我评估，教师可以制定出明确的成长目标，例如：

- 截至今年年底，我在追踪学生的进步方面要由1分提高到3分。
- 截至今年年底，我在帮助学生反思学习情况方面要由1分提高到3分。
- 截至今年年底，我在使用肢体语言方面要由1分提高到3分。

这些目标则构成了教师整个学年的发展指标。

进行集中练习

一旦反思型教师设定了成长目标，他/她便开始践行相关的具体策略和行为。本书第7章罗列了280项具体教学策略和教师行为，并按要素编排，便于教师快速查找并学习与成长目标相关度最高的策略。

在这一成长阶段，教师们所做的是舍恩提出的“在行动中反思”。可供教师采用的方法有很多，其中一个是聚焦一项教学策略的具体步骤。例如，教师可以使用两栏笔记法帮助学生们反思学习情况，主要包括以下两步：

1. 让学生们在笔记本的左侧一栏写下课堂上所学到的重要内容和信息。
2. 让学生们阅读写下的内容和信息，并在笔记本的右侧一栏写下自己的看法、疑问和进一步思考。

教师应当着重关注第一步，因为这是成功使用该策略的关键。学生们如果很难选出重要的内容和信息记在笔记本的左栏，则不可能在右栏写下有意义的看法、疑问和进一步思考。

另一种方法是为定义不太明确的策略制定实施方案。例如，教师可使用无干扰式评估记录学生进步情况。由于缺少明确的步骤，教师可以在应用该策略时制定一份实施方案，或者一套基本原则或指南，详细罗列最为实用的行动。教师可以撰写如下指南：

- 在课堂上留出时间（例如小组活动或课堂作业期间）开展无干扰评估。
- 在剪贴板上誊写一份评分标准，便于对学生们的课堂表现打分。
- 在座位表上写下无干扰评估的分数，并在每天下午誊抄到成绩单上。
- 每天至少记录三次无干扰评估分数。

第三种方式是熟练掌握某一项策略。例如，教师打算熟练掌握学习角策略，以便在活动中与学生们互动，并衡量这一策略对学生学习的影响。为此，教师将计划在1/4学期、一学期或一学年内多次使用该策略。每使用一次，各个步骤就会更流畅一些，教师便能将更多的时间和精力用于与学生们互动，监控他们的反应。

第四种方式是对现有策略做出调整。例如，在课堂上使用站立—伸展策略的教师可能会注意到，学生们站起来做伸展运动时，他们便开始四处走动、聊天，拖延授课时间。为解决这一问题，教师可以采用不同方法予以调整。教师可以选择一天让学生们做“无声伸展”，说话的学生必须立刻坐下；选择另一天做一次计时的“聊天伸展”，计时停止前，学生们可以随心所欲地聊天，但时间一到就要立刻安静下来并坐下；还可以选择一天在教师指导下进行伸展运动，增加深呼吸练习，帮助学生们放松身心并重新集中注意力。

最后一种方式是整合几种策略。例如，教师可以把反思日志、思考日志和课堂末尾小测试整合起来。反思日志问题与课堂上呈现的信息有关，思考日志问题帮助学生们反思诸如创造性思维、自我调节和推断等具体认知技能。教师在准备课堂末尾小测试时应当包括两个反思日志问题、两个思考日志问题。教师还可以将此策略与知识对比策略做进一步的整合，将学生们提交的课堂测试保存起来，在单元学习结束时向他们展示并进行比较，这样学生们就可以把之前的知识水平和最终的知识水平进行对比。第4章描述了进行集中练习的策略，第7章也提供了一系列与有效教学框架中的41个要素相关的具体教学策略和教师行为。

接受针对性反馈

教师需要他人对其使用的与其成长目标相关的具体教学策略和教学行为提供反馈，以此促进自我成长。反馈可以有多种来源。其中一个有效来源是视频数据。例如，教师在尝试某一策略时，可以使用摄像头记录授课过程。回放后，教师可能会做出这样的判断：自己虽然没有达到预期目标，但是已经在进步了。另一种反馈来源是学生问卷调查，了解某项具体的教学策略对学生们帮助有多大。还有一种来源是学生成绩。具体而言，教师设计的试卷可用于判断使用某项策略后学生们是否学到了更多知识。第5章说明了实施的具体细节。

集中式反馈的最终目标是记录学生们在一段时间内的进步情况。图1.3描述了这一过程。

如图1.3所示，这位教师选择了“问题是什么”这一教学策略，与她使用教学游戏的成长目标相关。在1月12日首次尝试并收到反馈后，她认为自己的表现为初始阶段（1）。但是，随着不断地应用这一策略，相关反馈证明她的掌握情况在提升，因此分值也在提高。在4月12日达到了预期的应用阶段（3）的目标，之后在4月26日以及5月10日的应用水平也保持在这一阶段，由此证明她目前处于该策略的应用阶段（3）水平。因此，她给自己的最后打分是3分。

教师进步图

姓名：安妮·巴雷拉

教学策略：问题是什么

我的初始分数：1.0分　　我的目标是在5月24日之前达到3.0。

具体待改进事项：准备一份PPT模版来缩短游戏准备时间，创造一个系统从而更加准确地（简单和困难）为线索分配分值，引导学生们回答问题以便了解他们是否准确理解了授课内容。

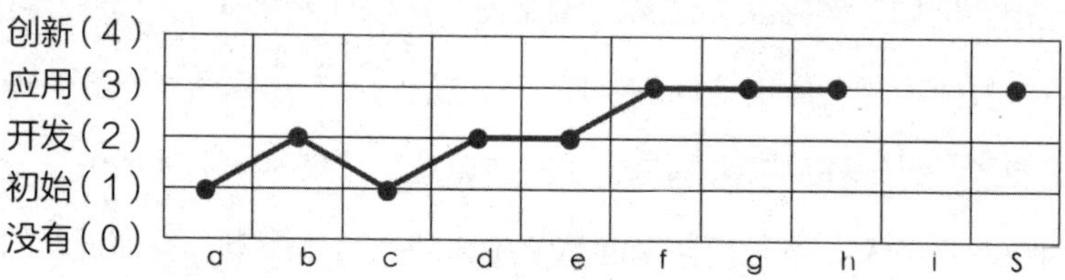

a. 1月12日

b. 1月24日

c. 2月16日

d. 3月10日

e. 3月24日

f. 4月12日

g. 4月26日

h. 5月10日

i. ________

最终分值：3.0

图1.3　教师进步图

观课议课

成为反思型教师的最后一个要素是观课议课。方式可以多种多样。一种方式是观看其他教师的教学视频——网上有很多此类视频。为了使效果最大化，应当与其他教师一起观看。例如，两位教师可以一起观看讲述法国大革命的教学视频。因为两位教师对框架下的要素都设定了成长目标，所以每位教师可以从不同角度进行分析。例如，一位教师关注视频中是如何努力提高学生应答率的，另一位教师可以关注学习目标是否清晰。观看视频之后，两位教师一起探讨视频授课的优缺点。此外，还可以与互助指导同事，也就是有共同教学目标的同事进行合作。第三种方式是参加教学巡视观摩活动。教师可以组队观摩本校或本学区学校的课堂教学，并共同探讨观察到的情况。很显然，这需要管理者提供相应的支持。第6章讲解了视频的使用、同事互助指导以及教学巡视等相关内容。

将研究和理论转化为实践

在接下来的章节中，我们将以本章以及《教学的艺术和科学》和《有效监督》中的研究和理论为基础，探讨反思如何有效促进职业发展。正如在引言部分提到的，余下几章的结尾设有一些理解题，旨在帮助读者回顾章节内容。作答完毕后，读者可以参考附录A中的答案。

第2章

掌握有效教学模式

无论哪个领域的专家，他们都有复杂的模式，能够精确描述在具体的情况下该做什么。换句话说，他们掌握了有效表现的模式。模式越具体，专家的行为就越细微，专业水平就越高。例如，国际象棋大师能够掌握一万到十万种招数，有效地形成了一种模式或表单，能根据棋盘上其他棋子的位置从中选择最佳走法。专业飞行员也掌握复杂的模式，使得他们在起飞、飞行、降落或应对突发状况时考虑多个变量（例如天气情况和剩余的燃料）。专业作家用来创作诗歌或散文的复杂模式能让他们根据不同的体裁、受众和期望适当地调整自己的作品。专业高尔夫球手在选择球杆或击球时，会使用考虑了地面条件、障碍物、风速和风向的复杂模式。冰球运动员韦恩·格雷茨基的专长并非出色的投球或滑冰能力（他的投球能力被视为一般或偏下），而是他对比赛的卓越理解力：

> 格雷茨基能够识别比赛的基本模式和流程，并能比场馆中的其他人更快、更详细地预测即将发生什么……在一场比赛中，你会看到他好几次走到冰场的另一边，避开人群，漫无目的地转圈。随后，就像接到信号一般，冲向一个地点，片刻之后，冰球出现了。

格雷茨基的冰球比赛模式让他能够在比赛中准确地预判，并瞬时做出反应。

如前所述，本书采用了《教学的艺术和科学》一书中的有效教学模式。总体而言，该模式涉及四个主要方面：（1）课堂策略和行为；（2）计划和备课；（3）反思教学；（4）同事关系和职业素养。完整模式的相关内容请参见《有效监督》。本书中，我们重点关注模式的第一个方面，即课堂策略和行为，主要分为三个类别：（1）常规活动课程环节；（2）内容学习课程环节；（3）即兴互动课程环节。

常规活动课程环节

顾名思义，常规活动课程环节即使不是每天都有，也会定期实施。在我们的模式中，这些常规要素被组织成两个预设问题：(1)我将如何设定和传达学习目标，追踪学生的进步并庆祝成就？(2)我将如何制定并维护课堂规则和程序？

我将如何设定和传达学习目标，追踪学生的进步并庆祝成就？

教师可以定期自问这一预设问题，使自己牢记优质教学这一方面的关键要素。与此预设问题相关的具体要素包括：

- 提供明确的学习目标和衡量这些目标的量表（例如，教师提供或提醒学生具体的学习目标）
- 追踪学生的进步（例如，教师使用形成性评价方法帮助学生绘制个人和团队的学习目标达成图）
- 庆祝学生成就（例如，教师帮助学生们就他们当前学习目标的达成情况和习得的知识予以认定和庆祝）

这些要素的核心是确保学生们清楚、明确地理解学习目标，并不断地意识到他们在朝着这个目标迈进。有目标的成长和学生们达到的最终状态理应得到庆祝。以下小学、初中和高中阶段的各个教学实例说明了这些要素是如何在课堂上实施的。

◎ 塔克先生和其他四年级教师共同为今年将要教授的语言艺术课制定明确的学习目标和相应的水平量表。塔克先生用这些目标指导教学，表达对学生们的期望。例如，当前单元的学习目标是“学生们能够进行逻辑推理并为结论辩护”。课程开始时，塔克把这个目标张贴在教室里，并同学生们讨论相应的水平量表。他还展示了往届的范例，说明了各个阶段的表现水平。他会定期参考量表，学生们则利用一份图表记录在本单元学习过程中的进步。一位名叫贾斯汀的学生在小组阅读讨论中独立做出了适当的推理，并在学习目标上得了3.0分。塔克花了一些时间来庆祝贾斯汀的成功，指出较之本周初的2.0分，贾斯汀有所进步。塔克还让同组的每一位同学都具体谈了谈贾斯汀的推理能力如何提高了。当天晚上，贾斯汀将一份量表副本带回家，同父母分享自己的进步。在下一单元开始之前，塔克先生会公布新的学习目标，学生们也会制定新的追踪表和个人学习目标。

◎ 拉沃尔德女士是一名中学语言艺术教师，正在讲授创意写作这一单元，并打算接下来两周重点讲解如何修改。作为专业学习共同体的一部分，她和同事创建了学习目标和学习量表，并将它们用在单元教学中。本单元开始时，她发给学生们一份讲义，其中包括学习目标和一份学生友好型水平量表。学习目标包括修改时态、语态、观点，以及让负责编辑的同学检查文章是否清晰易懂。拉沃尔德女士直接讲解时态、语态和观点等内容，并重点展示了写作中有效使用上述内容的例子。她还讲解了同伴编辑，并与一名自告奋勇的学生共同示范了编辑过程。她带领学生们查看量表，就各个等级详加解读，并向学生们保证会给他们提供为达到3.0分或4.0分所需的知识和帮助。接下来，拉沃尔德女士要求学生们在讲义的背面写下本单元的个人学习目标，并邀请大家分享。对于在提出个人目标上有困难的学生，拉沃尔德简要介绍了本单元的一些主要内容。讲解过程中，她使用量表为每一篇文章打分，学生们则记录并反思各自在这个过程中取得的进步。单元结束时，在达成个人制定的目标方面，几乎每位学生都取得了一些进步。拉沃尔德女士为整个班级和每位学生学到了知识而进行庆祝。在学生们主导的会议上，大家用量表向父母描述自己的学习和进步情况，描述了自己从哪些内容学起，又如何在领会修改和创意写作中不断成长。

◎ 加西亚先生进入了三角学课程的新一单元。按照惯例，他会在教室前张贴各个单元的学习目标。但是，他知道这些术语有时会让学生们感到困惑甚至紧张不安。因此，他在课程开始时专门花了一点时间将学生们的已有知识与新的学习目标联系起来，解释了新的学习目标是如何以已有知识为基础，以符合逻辑的方式向前推进的。他还分享了当前的学习目标量表，就各个等级详加解读，强调并解释了学生们可能不熟悉的新术语。

单元学习过程中，他会不断提及学习目标，特别指出当天的课程涉及哪些具体部分。他允许学生们进行团队合作，在知识理解上相互帮助，他则负责监督和检查每个小组以及学生独立学习的情况。当一天结束时，学生们会完成“出门券”，这样他就可以评估每位学生在学习目标方面的进展，并利用“出门券”的信息计划第二天的全班、小组和单独的指导。学生们有很多机会展示他们对知识的理解。例如，加西亚先生在每次作业中都设有反映量表中各个水平的问题，以此清楚地了解学生们的进步。单元测试之前，他还利用预设小测和突击小测监督学生学习。学生们记录每次评估的分数，并在学术笔记本中记下自己哪些方面理解得很好，在哪些方面取得了进步，以及在哪些方面仍需努力。整个单元学习过程中，加西亚先生会与学生们开会讨论他们的学习进展，指出进步，并庆祝他们取得的成就。他利用学校的电子评分系统告知家长学生们的学习进展，并附上凸显示学生以前和当前成绩水平的电子版分数表。

我将如何制定并维护课堂规则和程序？

与此预设问题相关的具体要素包括：

- 形成课堂常规（例如，教师提醒学生们注意某个规则或程序，或建立一个新的规则或程序）
- 为了便于学习，布置教室的陈设布局（例如，教师通过组织材料、通行模式和展示等方式促进学习）

该预设问题的要素有助于确保教室安全、有序且可预期。以下小学、初中和高中阶段的各个教学实例说明了这些要素是如何在课堂上实施的。

◎ 博克女士和一年级的学生们在年初制定了一套课堂规则和程序。每隔几周，她就会召开班会，监督各项规则和程序在教室里的遵守情况。

某次会议上，凯莎说："听力中心的孩子们没有遵守'我们应该保管好教室内材料'的规定。没有人在用完耳机后把它们收起来，因此耳机线会缠在一起，绊倒路过的人。"

博克女士问凯莎该如何解决这个问题，凯莎建议为听力中心制定一套程序。博克女士向其他同学征求意见，最终全班同学投票决定为听力中心制定一套更好的程序。他们一起讨论了让听力中心安全有序的必要规定。博克女士要求小组画出所有东西都妥善放置后听力中心的全貌。然后，全班用各组的画制作了一幅图，展示了听力中心未被使用时的样子。凯莎把这幅图挂在了听力中心旁边的墙上，提醒大家应该怎么做。凯莎同意担任听力中心的每周监督员，若大家遵守规定，会在班级荣誉表上加一颗星，以示表扬。

◎ 拉布伦先生是一名中学数学教师。在课程开始的前几周，他会花时间和学生们一起制定课堂常规。他没有在某一节课上探讨所有的课堂规则和程序，而是连续几周每天都专注于某一项新的规则或程序。拉布伦先生制作了一张课堂海报，上面列有他和学生们共同签署的规则和程序，以此表示理解和赞同。他还会给学生家长邮寄一份课堂规则和程序的副本。每隔几周，拉布伦都会在课堂上花几分钟回顾这些规则和程序，并询问学生们是否需要改进。

为了方便学生学习，拉布伦先生还布置了教室，以适应不同的分组活动。学生们通常以基础小组为单位开始一天的学习，可以一起检查作业。他还指导学生们如何快速离开基础组，结成对子或四人小组。他排列学生课桌，以便面向全班授课时，每张课桌都离他只有几步之遥。他还在教室里放置了文件篮，用来存放多余的任务单、家庭笔记或已完成的作业。建立和使用这些程序可以让拉布伦先生将更多的时间放在教学上，少花一些时间回答程序性问题。

◎ 贝里女士知道，学生们往往倾向于坐到教室后面，以免参与课堂活动。为了解决这个问题，她把桌子围成一个大圈。在面向全班授课时，她采用的类似苏格拉底式研讨的教学法在这种教室布局下尤为有效。她还会定期回顾规则和程序，并在开学的前几周让学生们选择其中的一到两条，向全班解释其基本原理。她强调，制定这些规则和程序的目的是推动在班级内形成合作的氛围，而非限制学生自由。贝里女士以身作则，注意监督自己的行为举止，并在学生们表现出责任感和尊重时提供更多的灵活性。她将班级管理办法的副本寄给学生家长，并将电子版发布在学校面向家长的门户网站上。

贝里女士定期监督学生们对规则和程序的遵守情况，并在需要时给予表扬或支持。

内容学习课程环节

内容学习课程环节的要素被组织成三个预设问题：（1）我将如何帮助学生们有效地与新知识互动？（2）我将如何帮助学生们练习并加深对新知识的理解？（3）我将如何帮助学生们就新知识提出假设并进行检验？

我将如何帮助学生们有效地与新知识互动？

与此预设问题相关的具体要素包括：

- 识别关键信息（例如，教师就重要信息给出的提示）
- 组织学生们与新知识进行互动（例如，教师将学生们分成两人组或三人组，讨论小块的内容）
- 预习新内容（例如，教师使用“已知—想知—习得”、先导组织图和预习问题等策略）
- 将内容分成几个易于理解的小节（例如，教师根据学生们的理解水平将内容分成几个小节进行讲解）
- 处理新信息（例如，每学完一部分信息后，教师要求学生们总结并说明他们领会到了什么）
- 详细阐述新信息（例如，教师提出需要学生们做出推论并进行辩护的问题）
- 记录和表述知识（例如，教师要求学生们总结、做笔记或使用非语言的表述方式）

- 对学习进行反思（例如，教师让学生们反思他们已经理解的内容，或者仍然感到困惑的内容）

正如这些要素所示，讲授新内容的各堂课采用直接教学法，需要大量的准备工作。教师必须将内容细分成易于理解吸收的小节。学生们对内容了解得越少，这些小节就越小。这些都是课程的关注重点。此外，教师必须确定一系列活动：预习活动、促进学生们在每个小节学习结束后互动的活动、帮助学生们详细阐述所学内容的活动、促进学生们表述所学内容的活动以及让学生们反思所学内容的活动。最后，在整个过程中，教师会指出最重要的信息。以下小学、初中和高中阶段的各个教学实例说明了这些要素是如何在课堂上实施的。

◎ 德兰尼先生所教的五年级的一个班正在学习殖民时期的美国，特别是像詹姆斯敦人一样的殖民者的日常生活。为了预习美国殖民地的日常生活的概念，他问学生们，关于殖民时期的生活，他们记得什么，或是已经知道了什么。学生们一边回答，他一边将答案列在黑板上。然后，他将学生们分成四人组，并播放一段美国殖民地生活的视频。约三分钟后，他暂停播放，在每组中选一名学生向组内其他成员解释到目前为止他/她学到了什么。随后，其他小组成员提出问题。小组内无法解决的问题将共享给全班同学，并由德兰尼先生回答。之后，他将视频继续播放两分钟，让各组重复上述过程，由另一名学生解释从视频中学到了什么。

德兰尼先生继续逐段播放视频，直至各组的每位成员都轮流做过了解释。然后，他会提出一些视频中没有明确解释的问题。若学生们主动作答，则要求他们进一步做出解释。最后，德兰尼先生要求每组学生写一小段话，说明从观看视频和小组讨论中学到了什么，他还要求学生们将视频中的信息做成图表予以展示。下课前，学生们要在笔记本上写下两个问题的答案：（1）我今天学到了什么？（2）我还有哪些不明白的地方？

◎ 哈斯克尔女士是一名中学科学教师，计划讲授有关海龟的知识。首先，她让学生们参与“已知—想知—习得”活动，分享已知的海龟知识，并谈一谈希望从本单元学到什么。然后，她开始播放介绍海龟的短视频。四分钟后，哈斯克尔女士暂停播放，并倒数3、2、1，让学生们自由结成三人组。

她让1号组员与其他两名成员分享他/她观看第一段视频后记住的所有内容，要求成员2总结成员1所说的信息，并要求成员3补充成员1可能遗漏的其他信息。随后，她再放三分钟的视频，让学生们在小组中根据目前所学的内容讨论三个推理题。在播放完整个视频后，她让每位学生用非语言的方式作图来展示新知识，并将其张贴在教室前面的布告栏上。然后，哈斯克尔女士读了一系列总结性的陈述和问题，并要求学生们用绿色、黄色和红色卡片来表明自己目前的理解水平（绿色=扎实；黄色=有点不确定；红色=困惑）。课后，她利用本次活动的反馈设计第二天的课程，确保消除所有误解，或解答学生们看上去不确定或感到困惑的地方。

◎ 豪瑟女士在家庭和消费者科学课上开始了关于健康烹饪方法的单元。学生们已经知道如何辨别健康和不健康的食物，但她知道学生们还要明白，各种食物的营养价值会因烹饪方式而发生变化。首先，她回顾了学生已知的基本烹饪常识——哪些烹饪方法（如油炸）往往是不健康的，哪些（如蒸或烤）一般更为健康。然后，她就新内容提出了两个预习问题：（1）绿色蔬菜是生吃更健康，还是蒸着吃更健康？（2）为什么有些鱼可以生吃，而有些鱼则不能？接下来，她讲解了肉和蔬菜在受热时发生的化学变化。她将这一内容分为几个小节讲解。每讲完一小节，学生们便结对总结刚刚听到的内容，并推测接下来可能听到的内容。课程结束时，学生们将学到的内容用图表展示出来，并向其他同学讲解。

我将如何帮助学生们练习并加深对新知识的理解？

与此预设问题相关的具体要素包括：

- 复习课程内容（例如，教师简要复习已讲过的相关内容）
- 组织学生们练习知识，加深理解（例如，教师让学生们分组复习所学内容或操练技能）
- 布置家庭作业（例如，教师布置家庭作业让学生们独立练习，或通过家庭作业详细解释信息）
- 分析共性和差异（例如，教师让学生们进行比较、分类，提出类比和隐喻）
- 检查推理中的错误（例如，教师要求学生们检查非正式的错误、宣传和偏见）
- 练习技巧、策略和程序（例如，教师采用集中和分散的练习）
- 修正已有知识（例如，教师要求学生们修改笔记，来说明和补充已知信息）

旨在练习知识和加深理解的课程通常始于复习已有知识。在此之后，教师会采用一系列技巧来帮助学生们进一步理解知识。在诸如查找相同点和不同点、检查推理错误的活动中，学生们会被分成各个小组。如果课程的重点是技能或流程，教师会选用一些实践活动。这些实践活动通常始于课上，并以家庭作业的形式结束。最后，许多课程结束时，学生都会修改之前的笔记，或在笔记本上添加新内容。以下幼儿园、初中和高中阶段的各个教学实例说明了这些要素是如何在课堂上实施的。

◎ 苏先生教的幼儿园班级最近在学习声音，以及声音是如何由振动引起的。学生们观看了一段竖琴师演奏视频后，苏先生说："你们看到那位女士拨弦时琴弦的移动方式了吗？谁还记得我们用来描述物体快速来回移动的那个词？"

"振动！"全班同学回答道。

"没错，"苏先生说，"还记得我们说过振动的东西经常会发出声音吗？把小手放在喉咙上，并发出这样的声音'啊啊啊啊'，小朋友们有什么感觉？"

"里面在抖动。"里安娜说道。

"小朋友们，我们可以用一个词来描述这种抖动的感觉吗？"苏先生问。

"振动！"吉米答道。

然后，苏先生让学生们围在从音乐教师那里借来的几把木琴周围，让他们比较大木块和小木块振动时发出的声音。

"我认为大的东西会振动，而小的东西不会，"肖恩说，"我看到大木块在动，但小木块没有。"

为了帮助肖恩消除这个误解，苏先生说："记住，有时我们无法看到正在发生的一切，因此必须借助其他感官来感知信息。"

当天晚上，苏老师布置了家庭作业，让学生们在家中找到三件振动时会发出声音的东西。

◎ 哈斯克尔女士的班级正在继续学习海龟的知识。某天课程结束时，她让学生们总结目前学到的知识。看完总结后，她意识到需要在第二天上课前消除一些误解。她将学生们分成两人一组，要求他们用维恩图比较海龟和灰狼（另一个正在学习的濒危物种）。绘制完维恩图后，各组采用“取一补一”的策略，与其他小组进行分享。她要求学生们写两段文字，分析海龟和灰狼的相同点和不同点，以此作为当晚的家庭作业。然后，她回到本单元开始时的“已知—想知—习得”图表，要求全班同学予以修改，并另加一列，说明学生们学到的海龟知识。

◎ 在米兰诺先生的时政课堂上，学生们正在学习发生在非洲国家的一系列革命。课程开始时，他问学生们从上一节课中学到了哪些关于革命的知识。学生们一边主动作答，米兰诺一边将答案列在黑板上。然后，他从列表中选择了两场革命，让大家研究革命初期的情况与非洲国家目前的情况有何相同或不同之处。接下来，他展示了在两种情况下革命者分别做出的陈述，要求学生们寻找陈述中的推理错误。学生们以小组为单位完成这项活动，并在全班讨论中分享得出的结论。布置家庭作业时，他要求学生们修改革命者的陈述，使其能够反映出更加合乎逻辑的主张与推理。下课前，学生们在笔记本上记录新的见解，并根据当天所学的知识修改以前的笔记。

我将如何帮助学生们就新知识提出假设并进行检验？

与此预设问题相关的具体要素包括：

- 组织学生们完成综合认知任务（例如，教师将学生们分成小组，便于完成综合认知任务）

- 让学生们参与包含提出和检验假设的综合认知任务（例如，教师让学生们参与决策、解决问题、实验探究与开展调查等任务）
- 提供资源和指导（例如，教师专门为认知复杂任务提供资源，并帮助学生们执行此类任务）

与其他两类涉及内容的课程相比，专门用于提出和检验假设的课程更多地由学生主导。此类课程背后的驱动力是，学生们对所学知识加以运用——他们预测具体任务的结果，然后执行任务以判定预测是否正确。在这一过程中，教师扮演指导者和资源提供者的角色。以下小学、初中和高中阶段的各个教学实例说明了这些要素是如何在课堂上实施的。

◎ 威尔斯女士五年级的学生们正在学习使用一种算法来计算两位数和三位数的乘法。为了帮助他们拓展知识，她要求大家尝试不同的乘法计算方法。例如，她问，“如果将每个数字乘以它下面的数字，然后把答案相加，会得到什么？”在小组中，学生们预测结果，并用不同的方法计算更大的数字。费利西亚的小组提出了一种新算法，即将数字分解为百位、十位和个位，然后将每个部分分别相乘。山姆的小组则提出了一个使用类似原理但表达方式不同的策略。在学生们预测和试验时，威尔斯女士在教室里巡视，提出问题并澄清误解。之后，她主持了课堂讨论，让各组分享他们的习得或发现以及他们的预测是否正确。

◎ 研究了许多不同的濒危物种后，哈斯克尔女士要求学生们设计项目，就该主题提出假设并进行检验。她提出了以下问题，以帮助他们找出要关注的内容：你是否想利用我们正在学习的濒危物种知识来研究某个具体问题？你是否想利用这些知识来检验某一具体的决定？你是否想利用这些知识来测试某个具体的概念、过去的事件或假设的事件？哈斯克尔女士与学生们单独讨论他们的项目，帮助他们明确行动计划，并在他们设计项目时确定潜在的资源。她还让学生们预测在项目中会发现什么。项目完成后，学生们会重新审视他们的预测。在接下来的三天里，学生们开展项目，哈斯克尔女士则充当向导和教练，在教室里巡视，查看并协助每位学生。在一周结束时，她邀请学生们在展示会上分享项目。每位学生都会展示自己的研究和学习，并使用具体的标准向其他学生提供反馈。

◎ 门罗女士的高中生们正在学习第二次世界大战。将学生们分成三人小组后，她要求每组就与战争相关的事件或概念开展调查研究。娜塔莉的小组决定把重点放在中途岛战役上，研究倘若美国没有破译日本的攻击警报，将会发生什么。他们推测，美国可能不会完成对航空母舰的必要维修，日本可能会赢得这场战斗，甚至是赢得整个战争。若该假设成立，他们推测了如今美国人的生活方式会有何不同。然后，他们收集了中途岛战役的相关信息，并据此判断预测结果出现的可能性有多大。

其他组选择了发生在二战期间的不同事件。门罗女士为各组提供或协助他们找到完成项目所需的资源和信息。她还帮助他们制订下一步计划，并按照计划行动。完成项目后，门罗女士会让各组重新检查最初的预测，查看结果与预测是否一致。然后，每位学生记录下项目进行过程中自己的想法发生的变化。

即兴互动课程环节

涉及即兴互动的课程环节的要素是教师准备使用的内容，但不一定是为某一天或某一节课而准备。这些课堂要素被组织成四个预设问题：（1）我将如何吸引学生们专心上课？（2）我将如何识别并确认学生们是否遵守规则和程序？（3）我将如何建立和维护有效的师生关系？（4）我将如何传达对所有学生的高期望？高效的教师会持续扫视课堂，来确定学生们是否参与其中，是否因为遵守或不遵守规则和程序得到关注，确定学生们是否得到了教师的关心，以及确定学生们收到了教师相信他们都能在课上表现良好的信号。如果这些信息没有传达到位，教师就要调整自己的行为。

我将如何吸引学生们专心上课？

与此预设问题相关的具体要素包括：

- 注意学生们何时没有参与课堂（例如，教师扫视教室，监控学生们的参与程度）
- 使用学习游戏（例如，当学生们不投入时，教师利用改编过的颇受欢迎的游戏重新吸引他们，将他们的注意力集中在学习内容上）
- 在提问时控制应答率（例如，教师使用作答卡或应答链和投票技术等策略保证多位学生回答问题）
- 使用肢体动作（例如，教师使用要求学生们移动身体的策略，如用脚投票，通过表演重现所学内容）
- 保持灵活的节奏（例如，教师放慢和加快教学节奏，以此提高课堂参与度）
- 表现出热情（例如，教师利用语言和非语言信号表达对授课内容的热情）
- 组织友好的辩论（例如，教师使用要求学生们就授课内容表明态度并捍卫立场的技巧）
- 为学生们提供谈论自我的机会（例如，教师使用让学生们将授课内

容与个人生活和兴趣联系起来的技巧）

- 呈现不同寻常或激发兴趣的信息（例如，教师提供或鼓励学生们识别有关授课内容的有趣信息）

上述第一个要素是有效参与的起点。简而言之，为了激发和保持学生们对课堂的参与度，教师必须持续评估他们的注意力程度。如果学生们很投入，教师就继续上课。反之，教师就要使用上述其他要素让学生们重新投入。以下小学、初中和高中阶段的各个教学实例说明了这些要素是如何在课堂上实施的。

◎ 哈维女士是一名小学音乐教师。在讲授识谱和记谱这一单元时，每当注意到四年级学生们似乎心不在焉时，她就会使用各种参与策略。有时，她让学生们站起来，用肢体动作展示全音符、二分音符、四分音符、八分音符。有时，她会使用游戏，请一位学生展示一组（四个）音符、休止符，或其他音乐符号，请另一位学生判断哪个不是同类项，并解释原因。她常常给学生们分发小擦写板，这样他们就可以同时回答问题。看到所有学生都回答正确后，她会加快教学节奏，增加拓展活动，使学生们可以探索他们感兴趣的乐谱元素。几名学生使用电脑作曲软件改变了一首名曲中每个音符的持续时间，创作出一首全新的歌曲。当他们就“什么听起来不错”持有不同意见时，就会组织一场名为“相反观点”的友好争论活动，来提出不同的观点。她还在许多节课中加入了有趣的细节。例如，有一天她给学生们讲了约翰·凯奇的故事。凯奇是一位作曲家，他在创作时用掷硬币的方式做决定，为“准备好的钢琴”谱曲，并创作了名为《4分33秒》的乐曲，实际上仅仅是时长4分33秒的沉默。

◎ 科尔顿女士是一名八年级美术教师，她经常环视教室，观察学生们对课堂的参与程度。她还对课程内容保持高度的热情，以高强度的方式呈现重要信息。如果觉得课堂不够活跃，她会用学习游戏来帮助学生们练习和复习所学内容。因为她经常使用游戏，所以学生们对规则十分清楚，知道该如何做。学生们也知道，科尔顿女士不会把游戏中的得分计入成绩。学生们经常要求玩的颇受欢迎的游戏是“滔滔不绝”。科尔顿女士在黑板上写出一个类别，下面列出属于该类别的单词。当面向单词表的学生让搭档（背对单词表）说出所有单词时，两人都站起来。她鼓励学生们在游戏中加入身体动作，允许他们使用手势或肢体动作与搭档交流。学生们做项目时，科尔顿女士会选择对他们重要的主题，并帮助他们将所做项目的内容与自己的生活建立联系。她知道，将课堂内容与兴趣结合起来时，学生们的记忆会更加深刻。

◎ 罗伊先生在AP语言艺术课上是一位吸引学生的高手。上课时，他保持着轻快的节奏，但也会注意不让节奏过快，以免学生们感到沮丧。他在教室里走动，与学生们的眼神交流十分神奇。“当他注视着你的时候，你不可能注意不到……他仿佛对你说的话感到很兴奋，并且希望你也同样兴奋！”他的一位学生评论道。他喜欢分享有关正在学习的作者和图书的古怪、有趣和不同寻常的奇闻轶事，学生们知道他们永远不会在课堂上安静地坐着。他总是让学生们从椅子上站起来，表演小说中的场景，或者在教室里走动，表达不同的观点。他最喜欢的一个活动就是“折叠”队伍。学生们根据自己的意见排队（从“强烈不同意”到“强烈同意”）。接下来，罗伊要求队伍的一边折叠起来，使相互持反对意见的同学成为搭档。在两人组中，每人都有30秒时间分享他们的观点。一人分享时，另一人倾听。之后互换角色。随后，罗伊先生要求每位学生牢记他们听到的相反观点，并就所探讨的主题写一篇具有说服力的文章。最后，学生们找出所读著作的作者和书中人物与个人生活之间的联系。

我将如何识别并确认学生们是否遵守规则和程序？

与此预设问题相关的具体要素包括：

- 表现出洞察力（例如，教师意识到学生们的行为变化可能是因为存在潜在的干扰，并立即处理）
- 对不遵守规则和程序的行为进行惩罚（例如，教师始终如一且公平地惩罚不遵守规则和程序的行为）
- 认可遵守规则和程序的行为（例如，教师始终如一且公平地认可遵守规则和程序的行为）

教师可根据需要应用这些要素。例如，如果教师感觉到课堂上可能存在破坏性行为，那么他就会采用与洞察力相关的策略。但是，如果一切顺利，他就不需要采用这些策略。以下小学、初中和高中阶段的各个教学实例说明了这些要素是如何在课堂上实施的。

◎ 在一次中心活动中，杨先生注意到他的二年级学生们在文学中心窃窃私语和傻笑。他走近学生们，与他们进行眼神交流。大多数人继续完成任务，但有两位学生依然吵闹，在看一张纸上的东西。杨先生悄悄走近他们，把那张纸收了起来。

“请重新加入到文学中心的小组活动中，”他要求道，“你们也许能帮助他们解决正在研究的问题。”

男孩们重新加入小组活动，很快便专注于手头的任务。中心轮换结束，各组分享了他们的任务，杨先生认可了所有小组的工作，在班级赞美罐中添加了一个弹珠，作为对全班出色表现的认可。第二天，在中心活动开始之前，杨先生提醒文学中心小组在轮换期间要注意遵守规则和程序，如果做出不当行为，他会专门发出信号以示提醒。

◎ 宋女士汉语课的学生们说，她的后脑勺长了一双眼睛。她能敏锐地觉察到课堂上发生的一切，常常能够快速解决各种问题。她注意到，越早察觉状况就越好。她尊重学生们，并教导他们也要尊重她。当不起眼的纠正不起作用时，宋女士会采用更为直接的方法，或私下与学生们谈话，讨论他们在课上的问题。她还注意到，中学生不在同龄人面前时，往往会更诚实，也更愿意合作。宋女士经常感谢学生们为维护良好的课堂秩序做出的具体努力，以此来认可他们的良好行为，之后还会给家长留言或打电话积极评价孩子们的表现。学生们因表现良好而受到表扬，大家对此十分感激，宋女士的课堂上也弥漫着一种平静和安全的气氛。

◎ 诺里斯女士是一名高中体育教师。她注意到学生们下课后没有按要求把球衣和篮球收起来。第二天，她指出了这一问题，并在课前花时间回顾了收纳要求。待到收拾设备时，她重申了相关要求。在当天和第二天，学生们都按照要求做得很好。她对全班同学的做法表示认可，还站在门口，感谢那些格外小心地把设备摆放整齐的学生。她指出，他们的做法不仅让设备的使用寿命更长，也让其他学生能够快速找到需要的东西。

我将如何建立和维护有效的师生关系？

与此预设问题相关的具体要素包括：

- 了解学生们的兴趣和背景（例如，教师了解关于学生们的信息，并利用这些信息与学生们进行非正式的、友好的讨论）
- 使用语言和非语言行为来表示对学生们的关爱（例如，教师适当地跟学生们说一些幽默的话，以友好的方式开一些玩笑）
- 表现出客观性和控制力（例如，教师的行为表明自己不会在处理违规行为时夹带个人情感）

通常每一堂课都会或多或少地体现出这些要素。也就是说，教师总是努力表现出自己了解学生们的兴趣，喜欢每一位学生，等等。以下小学、初中和高中阶段的各个教学实例说明了这些要素是如何在课堂上实施的。

◎ 法登女士是一名体育教师，正在努力和小学生们建立关系。每天早上，她站在前门，在学生们进入教学楼时喊出他们的名字，并和他们击掌打招呼。她身高6.4英尺（约为1.95米），个子很高，有时会和学生们开玩笑，让学生们尝试跳起来摸她伸出的手。有空的时候，她会参加课外活动，例如运动会、演奏会或颁奖仪式，接触那些她难以与之建立关系的学生或在班级中似乎被疏远的学生。课上，她会讲解学生们在体育课上学习的健身技能如何在成长过程中帮助他们在体育活动和其他活动中表现得更好。当学生们在课上表现不佳时，法登女士会平静地问他们是否需要稍作休息，或是否想要充分地参与到课堂中来。纠正学生的错误时，她从不会恼火或生气。她彬彬有礼，和蔼可亲，但也会清楚地表达对每位同学提高体能的期望。

◎ 斯旺森女士非常努力地和班里的学生们建立并保持有效的

关系。她经常说："我相信你们每一个人，我会在这里为你们提供必要的指导，让你们在学业上和行为上都取得成功。"她在门口迎接每一位学生，帮助他们登记签到，并询问他们的近况。斯旺森女士还在开学第一周便记住了所有人的名字，并要求学生填写兴趣调查表，以便了解每位学生的独特之处。她利用这些信息组织个性化的学习活动，并将学习内容与学生生活联系起来。

◎ 罗德里格斯先生一直以自己在课堂上的客观性和控制力而自豪。然而，有一天，他的互助指导同事杰克逊女士发现他的课堂上缺乏轻松的氛围。

"学生们看起来几乎不敢向你提问，"她说，"你如何看待自己与学生们的关系呢？"

罗德里格斯先生意识到，除了维持课堂秩序所必需的交流之外，他根本没有与学生们建立良好的关系。他还意识到，他这种缺乏人情味的态度可能会把带着问题来找他的学生们拒之门外。杰克逊女士邀请他去观摩自己的课堂。在她的课堂上，学生们经常用尊重的方式和教师开玩笑，可以轻松地就感到困惑或不清楚的内容提问。于是，罗德里格斯先生决定也要把幽默和与学生们的友好玩笑融入自己的课堂中，以此缓和课堂气氛。不仅如此，他还开始阅读校报，每周在食堂吃一次午饭，尝试更多地了解学生们的兴趣和成就，并尽可能将这些兴趣融入课堂。他发现，在保持课堂秩序的同时，他也可以让学生们感到更受欢迎、更舒服。

我将如何传达对所有学生的高期望？

与此预设问题相关的具体要素包括：

- 表现对低期望值学生的重视和尊重（例如，面对低期望值学生时，教师要使用与面对高期望值学生时同样的积极语气）
- 向低期望值学生提问（例如，教师向低期望值学生提问的频率和难度与高期望值学生相同）
- 与低期望值学生一同分析错误答案（例如，教师用与高期望值学生相同的深度和严谨性探查低期望值学生的错误答案）

正如使用维持有效关系的要素那样，教师也应该考虑在每一堂课上使用以上要素。每位学生每天都应该从教师那里得到这样一个心照不宣的信息：教师期待他们在课上的卓越表现，并将为他们提供帮助。以下小学、初中和高中阶段的各个教学实例说明了这些要素是如何在课堂上实施的。

◎ 彭内尔女士教的是四五年级混合班。虽然她认为她对学生们的期望是基于他们所处的年级，但是当花时间分析对每位学生的期望时，她意识到学生的种族、社会经济地位和个性在决定她对其成绩的期望上发挥了微妙的作用。尽管这让她很苦恼，但她决定采取措施，向所有学生传达自己的高期望。她从座位表上找出低期望值学生，并决定从现在起要从这些学生那里得到和高期望值学生同等深度的答案。此外，她开始随机点名，并使用应答链策略，确保要求所有学生都认真听讲并参与课堂讨论。

◎ 伦德尔先生意识到自己对一些学生没有太高的期望。因此，在每个季度之初，他会用非正式的观察表检查自己对待这些学生时的行为。令人尴尬的是，他发现自己对不同的学生有着不同的期望，于是他决定对所有学生一视同仁。他用摄像机录下几段自己的授课视频，并回看录像查找是否有区别对待学生的情况。伦德尔先生密切关注自己的情感基调，以及与所有学生互动的质量，尤其是那些他眼中的低期望值学生。他注重与这些学生进行频繁的眼神交流，对他们微笑，用非正式的方式同他们聊生活、聊家庭、聊兴趣。到了年底，他再次录像，欣喜地发现自己的行为确实发生了变化。值得注意的是，学生们的学习行为也发生了变化。

◎ 乔卡斯先生发现了班上的低期望值学生，并使用专门的策略让他们参与课堂讨论。他提前为这些学生准备更高层次的问题，并采用随机提问策略。他总是先陈述问题，不指定学生作答，等待三到五秒钟，让学生们有机会在小组内思考答案。他还允许学生们使用小组答案（非个人答案）来回答，这样所有学生都能在大家面前体验成功。他经常问一些探究性问题，让学生们解释为什么他们认为自己的答案是正确的。当学生答错时，他会指出答案的哪些部分是正确的，并对学生提供了正确内容表示感谢。如果学生感到慌乱，他便不再追问，但会继续跟进，确保被提问的学生理解了正在学习的内容。

小结

本章介绍了源自《教学的艺术和科学》的有效教学模式，该模式构成了参与反思性实践的基础。该模式主要由以下三个类别组成：（1）常规活动课程环节；（2）内容学习课程环节；（3）即兴互动课程环节。我们讨论了每个类别的具体要素，并提供了教学案例用以说明这些要素在小学、初中和高中阶段的应用。

理解题

1. 为何某领域的有效行为模式对该领域专业知识的发展十分重要？

2. 本章中有效教学模式的总体结构是什么？
3. 常规活动课程环节、内容学习课程环节和即兴互动课程环节的各个要素之间有何区别？
4. 要求学生提出并检验假设的课程与其他类型的内容学习课程有何不同？

第 3 章

设定成长目标

反思型教师会系统地为自己设定年度成长目标。例如，在某一年，一位教师可能决定从第2章介绍的3个大类（常规活动课程环节、内容学习课程环节和即兴互动课程环节）中各选择一个要素加以提升。常规活动课程环节中，教师可能会致力于追踪学生进步。内容学习课程环节中，教师可能会致力于引导学生们完成综合认知任务。即兴互动课程环节中，教师可能会致力于注意学生们何时没有参与课堂并做出回应。教师在选择策略并付诸实践之前，应当首先评估自己的长处和短处。

自我评估

自我评估包括参照第2章所述41个要素，判断自己在每个要素上的胜任能力。为此，教师需要了解每个要素的评估准则或量表。这41个要素的量表见附录B。想要了解量表的性质，请参考表3.1所示的通用量表。

表3.1　通用量表

4 创新	3 应用	2 发展	1 开始	0 未使用
教师针对学生们的特殊需求或具体情况调整或创造新的策略。	教师使用策略，并监督对学生们学习效果产生的影响。	教师使用策略，但方式有些机械化。	教师使用策略，但方式存在错误或遗漏。	教师本应使用策略，但并未使用。

在以上通用量表中，未使用（0）指在课堂上需要使用与某一要素相关的策略，但教师却没有使用。如果教师在某个要素中自评为未使用（0），表示教师不知道与该要素相关的策略。在开始（1）水平，教师意识到需要使用与某个要素相关的策略，并且尝试使用，但是方式不正确或存在遗漏。处

于发展（2）水平的教师能够在课堂上使用与某一要素相关的策略，但是方式有些机械化（也就是说，教师没有监控学生对策略的反应，也没有关注这些策略对所期望的学生表现有何影响）。应用（3）水平指教师不仅能够有效地使用与某一要素相关的策略，还能同时监控这些策略对学生表现的影响程度。最后，达到创新（4）水平的教师能够根据学生的特殊需求和具体情况，在与某一要素相关的现有策略基础上进行修改或创新。

在附录B的每一个量表中，我们都针对相应要素写出了发展（2）和应用（3）的评分准则。各个量表中的未使用（0）、开始（1）以及创新（4）评分标准都是相同的。未使用（0）指尽管在课堂上需要使用与某一要素相关的策略，但是教师却没有使用。开始（1）指教师确实使用了与某一要素相关的策略，但是使用中存在错误或遗漏。创新（4）指教师已经熟练掌握与某一要素相关的策略，从而能对其进行修改以满足学生们的特殊需求。例如，表3.2是专门为管理应答率而制作的量表。管理应答率是预设问题“如何吸引学生们专心上课”中的一个要素，属于即兴互动课程环节。

表3.2　管理应答率量表

	4 创新	3 应用	2 发展	1 开始	0 未使用
管理应答率	我可以根据学生们的特殊需求或具体情况调整和创造新的策略。	我使用应答率技巧促使学生们参与答题环节，并监控这些技巧在多大程度上保证了学生的参与度。	我使用应答率技巧促使学生们参与答题环节，但我是以一种较为机械的方式来完成的。	我对策略的使用存在错误或遗漏。	我应当使用该策略，但却没有。

请注意，发展（2）水平的评分标准是“我使用应答率技巧促使学生们参与答题环节，但我是以一种较为机械的方式来完成的”。应用（3）水平的评分标准是“我使用应答率技巧促使学生们参与答题环节，并监控这些技巧在多大程度上保证了学生的参与度”。达到应用水平的教师不仅使用策略引导更多学生回答问题，同时也在监控学生们在实际回答问题时在多大程度上经过了深思熟虑。

为理解附录B中量表的逻辑，我们应当先了解教师在学习一项新策略时需要经历的阶段。认知心理学的研究和理论告诉我们，教师至少要经历三个阶段：（1）认知阶段、（2）塑造阶段和（3）自主阶段。

第一阶段，认知阶段，指教师尝试了解一项策略并搜集相关信息。在这一阶段，教师没有实际使用该策略，而仅仅是了解、观察策略的使用或阅读正确的实施步骤。认知阶段的开端相当于量表上的未使用（0）水平，此时教师由于不知道这一策略，因此没有使用。随着教师对其了解逐步加深，就会进入到量表中的开始（1）水平。

第二阶段，塑造阶段，指教师开始使用一项新策略。在这一阶段，教师在使用策略时仍可能出现重大失误或遗漏。在此过程中，教师逐渐矫正错误或弥补遗漏，直到能够成功地应用策略，但是教师仍然需要有意识地思考并将注意力集中在策略的实施上。当教师开始应用策略，但是会出现重大失误或遗漏时，其表现处于开始（1）水平。随着教师纠正错误，可以成功地应用策略，就会进入发展（2）水平。

在学习一项新策略时，教师经历的最后一个阶段是自主阶段，指教师可以轻松流畅地使用策略。在这一阶段，教师可以将注意力放在策略对学生表现的影响上，并适当调整策略以适应情况或满足学生的特殊需求。该阶段相当于应用（3）和创新（4）水平。需要谨记的是，对于反思型教师来说，自主性不等同于自动性。相反，即使已经达到流畅水平，反思型教师仍然会持续检验自己对策略的使用。

附录B中的量表也包含各个要素中的教师及学生行为描述。例如，表3.3列举了与管理应答率要素相关的教师证据及学生证据。

表3.3　管理应答率的教师及学生证据

教师证据	学生证据
□ 教师使用等待时间。 □ 教师使用答题卡。 □ 教师让学生们用手势回答问题。 □ 教师使用集体应答。 □ 教师使用技术记录学生的答案。 □ 教师使用应答链。	□ 多名学生或全体学生回答教师提出的问题。 □ 被提问时，学生们能够描述自己对教师所提问题的思考。

表3.3列举的教师证据及学生证据旨在为自我评估提供详细依据。例如，表3.3中列举了“使用等待时间”“使用答题卡”等教师行为。这些条目向教师列举了具体的策略和行为都有哪些。此外，表3.3也包含一些学生行为，例如回答教师问题和说明答题思路。通过衡量这些具体的证据，教师可以在自我评估时更加准确地判断自身的长处和短处。

反思性实践策略

除了附录B中的量表以及相关的教师证据及学生证据，第7章还列举了280项反思性实践的策略和行为。教师可以在第7章中快速查找并了解《教学的艺术和科学》框架中每个要素对应的具体教学策略和教师行为。第7章简明扼要地阐述了每项策略或行为，教师可以直接将其应用到自己的课堂中。第7章旨在使教师能够直观地查看和感受策略，而无须参阅其他图书或资源。

第7章旨在为教师提供一个快速参考工具，帮助他们轻松计划和实施成长目标中的策略。表3.4以管理学生应答率策略为例说明第7章的结构。

表3.4 管理学生应答率策略

随机点名	教师把每位学生的名字写在一张单独的纸片上，并在提出一个问题后随机选一人作答。教师应当把选定的名字放回罐子或帽子里，之后再问下一个问题。
手势	学生们向上竖起大拇指表示已理解正在讲授的内容，拇指向下表示不理解，手掌放平表示理解一部分内容，还有一部分感到困惑。学生们也可以用手势来回答选择题。例如，一根手指表示选择A选项，两根手指表示选B，三根手指表示选C，四根手指表示选D。
答题卡	学生们把答案写在小型白板或黑板上，并同时展示给教师看。
应答链	第一位学生回答了一个问题后，教师要求第二位学生解释为什么第一位学生的答案是正确的、部分正确的或不正确的。教师也可以要求第二位学生先用自己的话转述第一位学生的答案，然后再进行点评。教师还可以请第三位学生点评第二位学生的答案。
结对应答	学生们结对讨论、回答问题，然后教师按组点名提问。可以由一位学生代表本组说出答案，或者两位组员一起回答。
集体应答	教师用一个清晰而简洁的语句陈述目标信息，并要求全体学生集体重复以上信息。这样做的目的是形成重要信息的“印记”。
等待时间	提出问题后，教师留出至少三秒钟的停顿时间。如果一位学生在答题时停止说话，教师也可以等待至少三秒钟，并让学生们在两次回答之间等待三秒钟。
详细询问	在学生回答完一个问题后，教师通过详细询问来探究该生的答案：“你怎么知道这是真的？”“为什么是这样呢？”教师也可以要求该生提供证据支持自己的结论。

（续表）

多样化的问题	教师使用检索性、分析性、预测性、诠释性和评价性的问题组合，如： • 检索性问题——这些问题需要学生们去识别、回忆和补充直接讲授的知识。 • 分析性问题——这些问题需要学生们把信息拆分开来并确定部分与整体之间的关联性。 • 预测性问题——这些问题需要学生们做出推测和假设，猜想故事、信息串或行动的下一步是什么。 • 诠释性问题——这些问题需要学生们推测作者的意图，并为自己的推断进行辩护。 • 评价性问题——这些问题需要学生们使用相关标准对某事做出判断和评估。

表3.4列举了管理应答率的不同策略：随机点名、手势、答题卡、应答链、结对应答、集体应答、等待时间、详细询问以及多样化的问题。每一项策略均附带简要说明。

第7章中还包含41个要素的技术环节。这一部分主要介绍技术强化和支持每项要素中各个策略的方式。例如，通过学习者应答系统技术，教师可以同时收集并展示全班同学对同一问题的作答情况。教师可以匿名展示最初的答案（如以柱状图的形式），之后要求学生与同伴一起分析讨论。讨论之后，学生们可以重新选择答案。这样的提问策略可以帮助学生们辩护并重新思考最初的答案。表3.5展示了管理应答率的技术环节。

表3.5 管理应答率的技术环节

• 使用学习者应答系统或投票网站，让更多学生获得回答问题的机会，并提高他们在提问环节的注意力和参与度。 • 要求学生们回答班级网站、博客或维基网站上发布的问题，并监控参与情况和答案的复杂程度。

创建个人档案

进行自我评估时，教师首先使用附录B中的41个要素量表逐一为自己打分。表3.6可用于记录教师的自我评分。

请注意，表3.6中这位教师对自己的评分情况如下：3个要素的评分为创

表3.6 教师在个人档案中的自我评分

常规活动课程环节					
预设问题：如何设定和传达学习目标，追踪学生的进步并庆祝成就？					
要素	**4 创新**	**3 应用**	**2 发展**	**1 开始**	**0 未使用**
1.如何提供清晰的学习目标和量表（评估准则）?					
2.如何追踪学生的进步？					
3.如何庆祝学生成就？					
预设问题：如何制定并维护课堂规则和程序？					
要素	**4 创新**	**3 应用**	**2 发展**	**1 开始**	**0 未使用**
4.如何制定并维护课堂规则和程序？					
5.如何规划教室的空间布局？					
内容学习课程环节					
预设问题：如何帮助学生们有效地与新知识互动？					
要素	**4 创新**	**3 应用**	**2 发展**	**1 开始**	**0 未使用**
6.如何确定关键信息？					
7.如何组织学生们与新知识互动？					

（续表）

8.如何预习新内容？					
9.如何把内容划分成易于消化的小节？					
10.如何帮助学生们处理新信息？					
11.如何帮助学生们详细阐述新信息？					
12.如何帮助学生们记录并表述知识？					
13.如何帮助学生们反思自己的学习？					
预设问题：如何帮助学生们练习并加深对新知识的理解？					
要素	**4 创新**	**3 应用**	**2 发展**	**1 开始**	**0 未使用**
14.如何回顾课程内容？					
15.如何组织学生们练习和深入理解知识？					
16.如何布置家庭作业？					
17.如何帮助学生们分析共性和差异？					
18.如何帮助学生们识别推理中的谬误？					
19.如何帮助学生们练习技能、策略和程序？					
20.如何帮助学生们修正对知识的理解？					
预设问题：如何帮助学生们就新知识提出假设并进行检验？					
要素	**4 创新**	**3 应用**	**2 发展**	**1 开始**	**0 未使用**
21.如何组织学生们完成综合认知任务？					

（续表）

22.如何引导学生们参与涉及提出与检验假设的综合认知任务？					
23.如何为学生们提供学习资源和学习指导？					
即兴互动课程环节					
预设问题：如何吸引学生们专心上课？					
要素	**4 创新**	**3 应用**	**2 发展**	**1 开始**	**0 未使用**
24.发现学生未参与课堂学习时怎么做？					
25.如何使用教学游戏？					
26.如何管理学生应答率？					
27.如何利用身体运动？					
28.如何保持灵活的课堂节奏？					
29.如何满怀热情全身心投入教学？					
30.如何开展友好辩论？					
31.如何为学生们提供谈论自己的机会？					
32.如何导入不寻常或新奇的信息？					
预设问题：如何识别并确认学生们是否遵守规则和程序？					
要素	**4 创新**	**3 应用**	**2 发展**	**1 开始**	**0 未使用**
33.如何展示洞悉全局的能力？					
34.如何应对不遵守规则和程序的行为？					
35.如何肯定遵守规则和程序的行为？					

（续表）

预设问题：如何建立和维护有效的师生关系？					
要素	4 创新	3 应用	2 发展	1 开始	0 未使用
36.如何了解学生的兴趣和背景？					
37.如何使用语言和非语言行为表示对学生的关爱？					
38.如何展示客观性与控制力？					
预设问题：如何传达对所有学生的高期望？					
要素	4 创新	3 应用	2 发展	1 开始	0 未使用
39.如何向低期望学生表示重视和尊重？					
40.如何向低期望学生提问？					
41.如何探究低期望学生的错误答案？					

新（4），14个要素的评分为应用（3），11个要素的评分为发展（2），9个要素的评分为开始（1），4个要素的评分为未使用（0）。自我评分可以初步说明教师的长处和短处。当然，3分和4分表示教师的长处，值得庆祝。1分和0分表示教师的短处，可以作为年度成长目标的待选要素。虽然在表3.6中被评为开始（1）或未使用（0）的要素有13个，但是不建议教师在一年中实践所有要素。相反，教师应当选取其中两个到三个要素。在做选择时，教师应当选择评分低（即1分和0分）并且自己感兴趣的要素。例如，可以选择以下三个要素：

1. 如何庆祝学生成就？
2. 如何帮助学生们识别推理中的谬误？

3. 如何开展友好辩论?

教师应就选定的要素制定具体年度成长目标，例如：

1. 到年底，我在庆祝学生成就方面要由1分提高到3分。

2. 到年底，我在帮助学生们识别推理谬误方面要由0分提高到3分。

3. 到年底，我在开展友好辩论方面要由0分提高到3分。

这三个目标可以作为教师集中练习的目标。以下示例描述了一位教师是如何通过自我评估设定成长目标的。

康纳斯夫人对即将到来的新学年充满期待，除了备课及教学规划之外，她还留出时间为自己的职业成长制订了一份计划。首先，她进行了自我评估。她使用一个5分制量表，逐一核对了有效教学的41个要素。当看到去年设定成长目标的各个方面都有显著进步时，她备受激励，但是还有6个要素的评分是开始（1），4个要素的评分是未使用（0）。在这10个要素中，她在常规活动、内容学习和即兴互动课程环节各找出一个要素。今年，她选择了如下3个要素：（1）如何规划教室的空间布局?（2）如何帮助学生们处理新信息?（3）如何保持灵活的课堂节奏？康纳斯夫人把每一个问题都转化成一个具体的成长目标，并记录在一张索引卡上：

1. 到年底，我在规划教室的空间布局方面要由1分提高到3分。

2. 到年底，我在帮助学生们处理新信息方面要由0分提高到3分。

3. 到年底，我在保持灵活的课堂节奏方面要由1分提高到4分。

她将索引卡做成一式三份，一份放在她桌边的布告牌上，一份订在她的计划本中，一份贴在她讲课时经常站的讲台上。她明白，设定具体成长目标是进行集中练习的第一步。

小结

本章介绍并解释了评估量表、教师证据和学生证据以及41个要素中的策略。此外，本章还就如何使用个人资料进行自我评估，并就如何选择两到三个具体要素作为年度成长目标做出了指导。根据这一流程，教师们可以为他们所选择的要素写出具体的年度成长目标。

理解题

1. 请描述第3章所示量表中的五个表现水平：未使用（0）、开始（1）、发展（2）、应用（3）和创新（4）。
2. 请描述教师在学习新策略时经历的三个阶段。
3. 为何在具体的一年里只选择少数几个要素十分重要？
4. 好的成长目标包含哪些关键要素？

第 4 章

进行集中练习

在直觉层面，大多数人通常认为练习是多次重复某一行为。如第1章所述，简单地重复做一件事并不一定会增加一个人的技能。我们所说的集中练习远远超出了练习的一般概念。顾名思义，集中练习包括重复某一具体策略，同时注意打磨策略的细节。高尔夫球手在进行集中练习时，会选择在具体位置上使用具体类型的球杆练习具体的击球动作。体操运动员可能在具体器械上集中练习一个动作的某个部分。飞行员经常使用模拟器来模拟具体的天气条件，练习具体飞行程序的具体环节。

上述例子表明，集中练习的特征在于专一性。课堂上，这通常指教师选择一个具体的教学策略，并着重练习该策略的某一环节。为此，第7章会非常实用。教师可以根据自己所选的成长目标，利用第7章来选择和学习与目标要素相关的具体策略。以下是一些可供教师参考使用的集中练习方法：聚焦于策略的具体步骤，制定方案，提高使用策略的流利度，修改策略，或将若干策略整合为一个宏观策略。

聚焦于策略的具体步骤

有些策略或行为有一套非常明确的步骤。例如，让我们看一下使用比较矩阵分析共性和差异的策略。表4.1展示了一个比较矩阵。

使用比较矩阵的步骤如下：

1. 确定想要比较的要素，将其填入第一行。
2. 确定想要比较的要素属性，将其填入左列。
3. 在每个单元格中记录这些要素之间的共性（注意：会有多个单元格中的共性内容相同）。然后，在每个单元格中记录这些要素之间的差异（注意：每个单元格中的差异内容均不相同）。

表4.1 比较矩阵

<table>
<tr><th></th><th>要素1</th><th>要素2</th><th>要素3</th></tr>
<tr><td rowspan="2">属性1</td><td>共性：</td><td>共性：</td><td>共性：</td></tr>
<tr><td>差异：</td><td>差异：</td><td>差异：</td></tr>
<tr><td rowspan="2">属性2</td><td>共性：</td><td>共性：</td><td>共性：</td></tr>
<tr><td>差异：</td><td>差异：</td><td>差异：</td></tr>
<tr><td rowspan="2">属性3</td><td>共性：</td><td>共性：</td><td>共性：</td></tr>
<tr><td>差异：</td><td>差异：</td><td>差异：</td></tr>
<tr><td>总结：</td><td></td><td></td><td></td></tr>
</table>

4. 总结学到的与这些要素相关的知识。

为说明这一过程，请参阅表4.2，该表描述了教师如何组织学生们对固体、液体和气体进行比较。

表4.2 固体、液体和气体比较矩阵

	固体	液体	气体
形状	**共性：** 固体和液体由于粒子间自由空间较小，不易被压缩。 固体和气体无法从一个容器流入另一个容器。	**共性：** 固体和液体由于粒子间自由空间较小，不易被压缩。 液体和气体均能自由流动，其形状取决于盛装它们的容器。	**共性：** 液体和气体均能自由流动，其形状取决于盛装它们的容器。 固体和气体无法从一个容器流入另一个容器。

（续表）

	固体	液体	气体
	差异： 固体的形态保持不变，除非遭到破坏。 固体不易流动。	**差异：** 液体不会从容器中扩散出去。 液体可以从一个容器流入另一个容器。	**差异：** 由于粒子间存在自由空间，因此气体易于压缩。 气体会从容器中扩散出去（扩散）。
粒子行为	**共性：** 固体、液体和气体均由原子构成。 固体、液体和气体的粒子均会发生振动。 固体和液体的粒子紧密结合在一起。	**共性：** 固体、液体和气体均由原子构成。 固体、液体和气体的粒子均会发生振动。 固体和液体的粒子紧密结合在一起。 液体和气体的粒子能发生移动。 液体和气体的粒子没有固定排列。	**共性：** 固体、液体和气体均由原子构成。 固体、液体和气体的粒子均会发生振动。 液体和气体的粒子能发生移动。 液体和气体的粒子没有固定排列。
	差异： 固体粒子通常有固定的排列。 固体粒子会发生振动但不能移动。	**差异：** 液体粒子通过滑动经过其他粒子的方式实现移动。	**差异：** 气体粒子可以高速自由移动。
温度变化时的反应	**共性：** 固体和液体受热后，形态会发生改变。	**共性：** 固体和液体受热后，形态会发生改变。 液体和气体冷却后，形态会发生改变。	**共性：** 液体和气体冷却后，形态会发生改变。

（续表）

	固体	液体	气体
	差异： 固体受热时，会变成液体（熔化）。 固体冷却时，形态不发生改变。	**差异：** 液体受热时，会变成气体（蒸发）。 液体冷却时，会变成固体（凝固）。	**差异：** 气体受热时，体积改变，发生膨胀。 气体冷却时，会变成液体（凝结）。
总结：了解固体、液体和气体的形状、粒子行为和对温度变化的反应能够帮助我们预测不同元素和化合物在不同压力和热量下的变化。假如我正在设计一个需要在极寒温度中或在极端压力下使用的设备，了解不同物质状态的属性之间的异同将帮助我为设备选择最佳材料。			

在第一步中，教师让学生们在表格的第一行记录下固体、液体和气体这三个要素。然后，教师选定三个属性，要求学生们在固体、液体和气体之间进行比较，学生们分别在每一行填写一个属性。在表4.2中，这三个属性分别为形状、粒子行为和温度变化时的反应。或者，教师也可以让学生们自己选择属性。接下来，教师让学生们分别根据三种属性找出固体、液体和气体之间的共性，并将观察所得记录在相应的单元格中。然后，教师要求学生们找出每个要素与其他要素之间的差异，并将这些差异记录在相应的单元格中。完成矩阵后，教师要求每名学生总结自己学到了哪些关于这些要素的知识。

当然，比较矩阵是一项复杂的策略，教师可能会重点练习其中一个或多个步骤。例如，教师发现第二步对策略的整体成功最为关键，因为矩阵中使用的属性决定了学生们对这些共性和差异认识的深浅。例如，如果选择将“硬度”属性加入表4.2的矩阵中，学生们或许只能发现浅显的共性和差异。然而，如果以“形状”作为比较矩阵中的一个属性，那么学生们就能发现实质性的共性和差异。久而久之，教师会设法制定明确的原则，用以指导如何为比较矩阵选择最佳属性。下面的示例描述了一位教师如何在课堂上使用这一方法进行集中练习。

> 申克先生是一名中学数学教师，他正在让学生们使用比较矩阵找出几种三角形之间的共性和差异。他的具体关注点是帮助学生们选择属性，使他们进行有意义的而非肤浅的比较。现在学生们正在比较钝角三角形、锐角三角形和直角三角形。在学生们选择用于比较的属性之前，他带领大家回顾了自己制定的三条原则，以帮助学生们选择能够进行深入比较的属性。
>
> 1. 想一想，关于这个主题，你已经了解哪些知识？你对哪些事实印象深刻？
> 2. 在大脑中对两个要素做一个快速比较。你能立即发现哪些不同之处？
> 3. 思考所有要素。你会通过观察或思考什么来区分它们？
>
> “同学们，我们已经学习了三角形的哪些知识？”申克先生问道。
>
> “测量内角的度数很重要。”凯莎说。
>
> “边长可以用来确定三角形的种类！”凯文补充道。
>
> “没错，”申克先生说，“那么，根据已有知识，我们可以选择哪些属性来比较它们？”
>
> “可以选用内角度数和边长。”斯坦利说。
>
> 申克先生将这两条写在黑板上，然后转到第二条原则。学生们指出，区分钝角三角形和锐角三角形的依据是最大内角度数。因此，申克先生将“最大内角度数”写到待选属性列表中。最后，申

克先生提示学生们根据最后一条原则，思考他们如何区分这三种三角形。

“我每次都能分辨出直角三角形，因为它有一个直角。”林恩说。

“说得没错。不过我不这么区分，而是记住三角形可以是等腰三角形或不等边三角形，有些是等边三角形。”埃文回答。

“好。”申克先生说，他在黑板上的列表中写下了“直角”和“可以是等腰三角形、不等边三角形或等边三角形”。他要求全班同学讨论黑板上的列表，最后决定从列表中删除“边长”，因为它与关于等腰三角形、不等边三角形或等边三角形这一条十分相似。最后，他规定每位学生都要在各自的比较矩阵中使用黑板上列出的三个属性。

制定方案

有些策略或行为尚无完善的步骤体系。例如，评论学生成就或大事件（见第7章）——这可能是教师用来了解学生兴趣和背景的策略之一。这个要素是预设问题“我将如何建立和维护有效的师生关系”的一部分。若教师选择了这一具体行为进行集中练习，他很可能希望制定一套方案来指导自己的行动。方法之一是，将该方案视作一套通用准则或指南。这些具体的描述可以指导教师的集中练习。首先，教师可以列出以下方案：

- 我将关注那些在班级中看似被剥夺了权利的学生，以及那些尚未与我建立默契关系的学生。
- 当学生在某一方面表现不错时，我会表扬他/她。
- 我将了解关于学生的信息，并在师生互动中使用这些信息。

教师可以在该方案的每条通用规则下面列出更为具体的行动。以本方案的第二条规则（当学生在某一方面表现不错时，我会表扬他/她）为例，教师可以深入思考，确定最优的表扬方式，例如：将表扬与学生的具体良好行为结合起来。不要告诉学生他/她很擅长做某事或者他很聪明，教师可以说："你在这次测试中做得很好。我看了你这学期的其他成绩，这次是最高的。恭喜你！"教师也能明白具体表扬比泛泛称赞更为有效。例如，教师不要简单地告诉学生他/她在测试中做得很好，而是说："有关当地河流污染的这道问答题，你答得很好。很明显，你思考了很多，并将思考所得写到了答案中，而且写得很清晰。"下方示例描述了一位教师如何使用该方法进行集中练习。

索西女士是一名高中科学教师，她决定专门表扬一下学生们在学业和个人方面的成就。具体来说，她想把重点放在专门就该策略制定的计划的一个方面：我将了解学生们的信息，并在与师生互动中使用这些信息。为此，她列出了班级中可能感觉被冷落或者在互动时使她感到尴尬的学生名单。她决定，在接下来的一周里，将努力找出名单中每位学生的特别之处。通过与其他学生交谈，她发现埃米莉喜欢烹饪。在阅读校报时，她注意到约瑟和内森都是学校棒球队的成员，而且他们即将迎来一场主场比赛。她无意中听到其他教师谈论钱德拉今年进步很大，并从辅导员那里了解到路易斯有志在长大后成为一名飞行员。针对这些信息，索西女士制订了与这些学生互动的计划。

周一，她在食堂找到了埃米莉，并坐下来与她共进午餐。两人自然而然地谈到了食物，索西女士向埃米莉问起了烹饪。她发现埃米莉刚刚在当地娱乐中心的烹饪比赛中获了奖，同桌的其他学生都兴奋地告诉索西女士埃米莉的厨艺有多棒。周二，索西女士要留在学校参加晚间会议，所以她告诉约瑟和内森，自己会去观看他们的比赛（放学后但在会议前），为他们加油。他们的球队赢了，于是她有机会在去开会之前简短地向他们表示祝贺。周三，在物理课上讲伯努利原理时，她让路易斯解释该原理如何说明飞机升力的来源。路易斯讲述了他最近的飞行课，告诉全班同学握住操纵杆（飞机的方向盘）和体验飞机起飞时的阻力是什么感觉。周四，在与钱德拉单独聊天时，索西女士转达了她从另一位教师那里听到的夸赞，并表扬了她的努力和付出。

提高使用策略的流利度

如第3章所述，流利度指教师能够轻松地执行策略或实施行为的能力。换言之，表现流利的教师对某一策略或行为足够熟练，使用时无须再思考具体步骤。这并不意味着教师不注意这些策略。事实上，当达到足够流利的程度时，反思型教师能够在执行策略或行为的同时监控其结果。假设一名教师正在练习使用“已知—想知—习得”这一预习策略（我知道什么？我想要知道什么？我学到了什么？）。该策略包含以下三个要素：

1. 学生们说出他们对主题的了解，教师将这些信息记录在图表中的“已知”栏下。
2. 学生们列出关于该主题他们想知道什么，教师将这些信息记录在图表上的“想知”栏下。
3. 课后，学生们温习并列出学到的内容，教师将这些信息记录在“习得”栏下。

策略的每个环节都有一个预期结果。例如，在第一阶段——我知道什么？——预期结果是激活学生们对于具体主题的背景知识。这一步也帮助他们将已有知识与即将学习的新知识建立联系。在第二阶段——我想知道什么？——预期结果是学生们认真听讲。按照常理，如果学生们在学习真正感兴趣的内容，会更加积极主动地参与到课堂中。在第三阶段——我学到了什么？——预期结果是强调学到的知识。

即使某个策略（例如，已知—想知—习得）看起来十分简单，教师也必须通过长期练习来提高流利度。最有效的练习是在一段时间内定期使用该策略，每间隔一段时间练习一次。尼古拉斯·塞佩达、哈罗德·帕斯勒、爱德华·武尔、约翰·威克斯德和道格·罗勒发现，两次练习之间至少间隔一天可以实现练习效益最大化。此外，经证明，在达到熟练程度后继续练习（即过度学习）是有效的。詹姆斯·德里斯科尔、鲁思·威利斯和卡洛琳·科珀发现，100%或150%的过度学习最为有效。这意味着，如果熟练掌握某一策略需要练习四次，则达到100%的过度学习水平需要练习八次，达到150%的过度学习水平需要练习十次。

流利度可以使人们在实施一项技能或过程的同时思考其他事情。阅读、骑自行车、开车是大多数人都能流畅完成的常见任务。当人们流利地阅读时，不会细看每个单词甚至每个字母。相反，我们会自动解码单词，从而将认知注意力集中在理解上。骑自行车时，人们能毫不费力地执行踩踏板和保持平衡的任务，这样就可以专注于坑洼、上下坡和其他障碍物上。经验丰富的驾驶员对基本驾驶规则（如交通信号灯颜色和路标含义）和汽车的基本操作（如制动、停车、换挡等）烂熟于心，因此他们可以对这些要素做出快速、下意识的决定。这种流利度使他们能够将注意力集中在可变因素上，如不断变化的路况或其他司机的行为。

选择“已知—想知—习得”策略的教师可能会发现，将该策略有意识地练习三次即可达到熟练水平。然而，再增加三次练习便会达到过度练习。此时，教师已经对该策略足够了解，能够将注意力集中在监控学生们的反应上。如第3章所述，这意味着教师达到了量表上的应用（3）水平。下方示例描述了一位教师如何使用该方法进行集中练习。

> 瓦肖女士是一名五年级教师，她一直在练习“已知—想知—习得”策略，以此来与学生们一起预习新课。她所在的年级采用分班制进行科学和社会学教学，因此她可以在一周内与不同的学生群体多次练习同一策略。上周，她在四个班级中均使用了“已知—想知—习得”策略预习有关13个原始殖民地的内容。她觉得自己掌握得越来越熟练了，但她知道，如果想把注意力集中在学生们身上而不是策略上，还需要坚持练习。因此，瓦肖女士再次使用该策略来预习有关美国独立战争的主要内容。她发现，当第六次、第七次和第八次使用该策略时，她完全不需要过多考虑如何记录学生们的作答，点名时按照什么顺序或者在学生们卡壳时该怎么办。当注意力从策略转移到学生们身上时，瓦肖女士发现自己完全是在听学生们说话，在出现错误概念时予以纠正，并使用探究性问题帮助学生们理清思路。

灵活调整策略

即使教师的某种策略或行为已经达到应用（3）水平（即已经达到流利水平），教师也可能需要为具体情境设计新版本的策略。事实上，这也是该模式41个要素量表中创新（4）水平的关键特征。让我们来看一下家庭作业策略。一名教师意识到他必须为来自资源较少家庭的学生改变策略。当他布置的家庭作业需要学生们对课堂上所学的知识进行演讲或创作戏剧时，他注意到，学生们的演讲质量因家庭的社会经济水平不同而存在差异。来自较富裕家庭的学生会制作配有彩色讲义的演示文稿，能用服装和道具表演精致的短剧，而来自低收入家庭的学生在演讲时显然缺乏这些额外的修饰，这在班级中产生了一种不舒服和不公平的感觉。教师重新考虑了家庭作业的类型，调整策略以满足不同学生的需求。他不再给学生们布置演讲或表演类的作业，而是让他们在课堂上完成这些活动，并将文本和写作类等内容留作家庭作业。他还意识到，家长对学生们的帮助程度不同，因此他在每节课的最后专门留出时间让学生们以小组形式检查家庭作业。如果学生们觉得有疑问或需要帮助，可以找他帮忙。下方示例描述了一位教师如何使用该方法进行集中练习。

科里瑞先生是一名中学语言艺术教师，他决定调整布置家庭作业的策略，以便使课堂环境更加公平。为此，他在秋季会议上与家长一起回顾了修改后的家庭作业布置办法。

“我会开始要求学生们在课堂上做演讲和表演，”他告诉家长们：“我希望每个人都能获得所需的技术和资源，从而取得成功并感受成功的喜悦。”

把学生们将要学习的小说清单交给家长时，他还告诉家长，他的“服装和道具柜”正在接受捐赠，旨在帮助学生们表演《野性的呼唤》《圣诞颂歌》以及鲁德亚德·吉卜林故事集中的场景。一位家长联系他，表示自己的公司正在更换一些员工笔记本电脑，愿意捐赠旧电脑供学生们用来制作演示文稿。课堂上，科里瑞先生开始布置无需外部资源的作业，并确保为学生们提供完成每项作业可能需要的一切资源。每当需要布置家庭作业时，他会利用课上的最后十分钟安排“作业猎犬”活动。学生们以预先分配好的小组为单位，讨论作业，弄清楚他们不确定的事情。此外，每位学生都有一个家庭作业学伴，他们会与学伴交换电话号码，如果做作业时遇到问题，可以联系学伴寻求帮助。

将若干策略整合为一个宏观策略

教师可以选择整合多种策略作为集中练习的主题。在专业发展的这一阶段，教师已经能熟练使用某一具体要素的大部分（若非全部）策略，但希望将其中一些策略组合成复合策略或宏观策略。涉及策略整合的集中练习通常意味着教师达到了量表中的创新（4）水平。例如，让我们看一下第7章中的预习策略，详见这一预设问题："我将如何帮助学生们有效地与新知识互动？"表4.3列出了这些策略。

表4.3 预习新内容的策略

你认为自己已经知道了什么?	教师要求学生们各自写下对即将学习的新主题有哪些了解。每位学生写完后，教师要求他们结对讨论已有的知识和想法。每对学生列出最具独到见解或最重要的知识和想法，可在适当情况下举例说明。最后，每对学生分享自己的列表，由教师总结全班对新主题的了解。
明显联系	教师通过简单地解释关联，帮助学生们将已学内容和即将讲授的新内容以明显的方式联系起来。例如，教师可以说："你们阅读本章中关于渗滤的部分时，请记住，这与我们上次的实验结果相似。水渗过土壤时，土壤会起到过滤作用。"
预习问题	教师对即将讲授的新内容提出问题，激发学生们的好奇心，激活他们的已有知识。尽管学生们可能不知道问题的答案，因为他们还没有学过新内容，但这些问题可以提示他们上课时应该注意听哪些信息。

（续表）

教师简要总结	教师为学生们提供一份关于新主题的口头或书面总结。这可以帮助学生们了解重要观点和概念，并在教师讲授更为详细的内容时加以对照。
略读	教师指导学生们浏览主要章节的标题和副标题，并要求他们分析这些标题并找出篇章中的主要观点和重要概念，以此帮助他们略读讲解新主题的书面内容。教师也可以让学生们先略读一个段落，之后尝试对段落内容进行总结，记下他们认为自己对新内容有多少了解，并预测在教师讲授新内容时将学到什么。
教师笔记	开始讲授新知识之前，教师给学生们发一份内容大纲。教师应允许学生们在讲授新信息和回顾大纲后提出问题。这可以帮助他们消除最初对新内容的困惑或误解。
“已知—想知—习得”策略	教师在讲授新内容之前采用“已知—想知—习得”策略。首先，学生们说出对该主题的已有了解，教师将这些信息记录在图表的“已知”栏中。然后，学生们说出他们想要知道什么，教师将这些信息记录在图表的“想知”栏中。最后，授课结束后，学生们将学到的知识记录在“习得”栏中。此时，教师和学生们重新讨论“已知”栏中的内容，尝试找出最初对该内容的误解。
先导组织图	教师创建视觉图（通常称为组织图）展示新内容的结构和组织关系，并说明新内容与已学内容之间的联系。学生们可以使用组织图在教师开讲之前提出问题，列出自己对新内容已经有哪些了解，并将新内容与个人兴趣联系起来。
预先指导	讲解新内容之前，教师让学生们对一系列与新内容有关的陈述做出回应。在此之后，教师引导全班同学讨论答案。这可以激活学生们对相关主题的已有知识，帮助他们思考与新内容有关的问题和观点。

（续表）

词汇联想分类活动	教师利用这一策略帮助学生们预习与新内容有关的词汇和概念。教师准备一些与新内容相关的单词和短语并展示给学生们。学生们尝试按照自己的理解将这些词汇分类。然后，教师让学生们分享他们的分类和分类策略，并引导全班同学讨论这些术语与概念之间的联系，以及与已有知识和个人兴趣的联系。
预评估	教师在讲授新内容之前对学生们进行预评估。这一策略可以使学生们接触到新内容中的最主要信息。教师可以利用预评估的结果了解哪些学生对即将学习的新内容已经了解颇多，哪些学生知之甚少。

教师可能会决定对策略加以整合或组合，而不是单独使用这11种策略。例如，如果在进行预评估后，发现学生们对即将讲授的新内容了解甚少，教师可能会决定将“略读”策略的第一部分和“你认为自己已经知道了什么”策略的中间部分结合起来。在这种情况下，教师会要求学生们略读即将讲授的内容，并列出他们认为可能的主要观点和重要概念。然后，要求学生们两人一组讨论所列内容，重新写出他们一致认为最重要的观点和概念。最后，教师引导学生们在课堂上讨论他们的发现，并列出整个班级对新内容中重要观点和概念的预测。下方示例描述了一位教师如何使用该方法进行集中练习。

艾贝尔森女士认为自己能够流利地使用所有预习策略。她觉得可以把多个策略的片段或部分内容结合起来，形成一个宏观预习策略。在宏观策略的第一部分，她将制作一张预习单页，即一份讲义，上面列有三个预习问题、一份由教师所做的新内容简要总结和一张显示待讲内容片段的视觉关系图。她要求学生们阅读这一页，然后分组讨论预习问题的答案。在宏观策略的第二部分，她要求学生们写三条与新内容有关的陈述。之后，由学生自告奋勇朗读一条陈述，然后全班集体讨论该陈述。在宏观策略的最后一部分，艾贝尔森女士使用词汇联想分类活动回顾与新内容有关的重点词汇。

小结

本章的中心内容是集中练习的原则。通过聚焦于所选策略的具体步骤，制订策略计划，提高使用策略的流利度，修改策略，或整合多种策略，教师可以进行集中练习，以此增强专业技能。当教师达到足以对具体策略或行为进行修改的熟练程度时，就可以开始合并和整合同一要素的不同策略，从而创造出各种各样的宏观策略。

理解题

1. 集中练习与一般练习概念有何不同?
2. 聚焦于策略的具体步骤或制定策略实施方案有何好处?
3. 什么是过度学习？它对于提高流利度有何作用?
4. 应用（3）水平的集中练习与创新（4）水平的集中练习有何异同?

第5章

接受针对性反馈

反馈对于集中练习的成功至关重要。具体来说，反馈可以告诉教师他们的努力是否真正提升了专业技能。从本质上来说，针对性反馈就是不断检验个人进步，以实现预期目标。我们在第3章提到，反思的第一步是自我评估并针对具体的有效教学要素制订改进计划。在此之后，教师进行集中练习，前面第4章对此已做解释。针对性反馈包括在进行集中练习时记录成长目标的达成情况。因此，我们强烈建议教师撰写如表5.1所示的反思日志。

表5.1　使用自由排列网状图策略的反思日志示例

9/12	我使用自由排列网状图介绍写作过程。起初，效果不是很好，因为我只是解释了网状图的使用方法，而没有向学生们演示如何使用。不过，学生们似乎很喜欢这个练习，所以我想继续尝试使用这些网状图。
9/21	今天我们使用自由排列网状图让学生们集思广益，构思文章。选定文章主题后，学生们使用另一个网状图列出主要想法和细节。这很有效，但图中的圆圈常常会变得杂乱无章。
10/5	今天我试着让学生们用自由排列网状图比较两个事物，效果很好。他们在一页纸的左右两个大圆圈里画出了要比较的两个事物，并在周围的小圆圈里写上描述语和事实。然后，他们将大圆圈与所有相符的描述和事实连起来。有些网状图非常有趣，帮助孩子们看到了他们以前没有意识到的联系。
10/14	今天，辅导员来给学生们上职业课，我让她在课上使用自由排列网状图，因为孩子们对此已经十分熟悉了。他们知道将自己的名字写在中间的圆圈里，然后在周围的圆圈里填写自己的人生目标。其中一些学生甚至还画了一些圆圈来展示为实现目标必须要做些什么。
10/20	现在学生们已经熟悉了自由排列网状图，我们开始利用它们来展示关系。一些学生甚至修改了网状图，使其可以添加图片。就像故事板一样，他们通过画出故事中的不同事件来安排叙事片段，然后通过连线找出事件和人物之间的联系。

教师在表5.1中记录了一些轶事评论，说明了她使用自由排列网状图教学策略帮助学生们记录和表述知识的情况（见第7章）。表5.1展示了为期六周的时间段，在此期间，教师简单记录了自己对使用该策略的印象。以下片段描述了一名教师是如何使用反思日志的。

> 费尔沃德女士在高中教化学课，她开始撰写反思日志，记录自己使用非语言表现形式记录和表述知识的情况。她对写反思日志有点紧张，因为她一直觉得自己不擅长写作。但她提醒自己，反思记录仅供自己阅读。她从9月开始记录，但很快就意识到自己很容易忘记这件事，尤其是工作繁忙的时候。10月，她作了简要回顾，发现在9月份只写了两次反思日志。她计划每周至少记录一次，所以决定每周四下午去她最喜欢的咖啡店吃点东西，并花上半小时写日志。写作过程中，她试着让文字自然流淌，记录下当时的想法，不必太在意拼写、风格或条理。11月，她回顾了之前的六次反思日志，意识到自己取得了很大的进步。通过回顾自己的想法，她发现自己已经能够流利地使用非语言表现形式策略，并决定接下来将重点练习使用学术笔记本策略。

教师还可以通过许多其他方式收集自己持续进步的信息，包括视频数据、学生调查数据和学生成绩数据。

视频数据

对于教师来说，有一个方法可以有效地获得有关个人进步的针对性反馈，那就是观看自己在课堂上使用具体教学策略的视频录像。一些研究表明，观看视频可以增强教师的反思和表现效果。

加布里埃尔·所罗门和弗雷德里克·麦克唐纳发现，自我观察有助于教师评估自身表现与自我期望之间的差距。此外，如果自我观察是有针对性的（例如教师重点观察对某一具体策略的使用），则会更加有效。约翰·莱尔和桑德拉·格里斯沃尔德认为，自我观察对教师十分有益，因为可以丰富而详细地记录课堂事件，激发教师回忆起原本不会记住或反思的事件。米莉安·谢林也得出了类似的结论。

谢里尔·罗珊娜、玛丽·伦德伯格、马乔里·库柏、安妮·弗里曾、马乔里·特普斯特拉发现，观看教学视频后进行反思的职前教师（与仅凭记忆反思的教师相比）对教学写出的评论更具体，更关注教学本身而非课堂管理，更注重审视教学而非审视自我。蒂娜·塞德尔和她的同事比较了观看自己的视频和观看其他教师视频的两组教师，发现前者学习水平更高。伊丽莎白·凡·埃斯和谢林发现，若教师在一段时间内定期观看自己的教学视频，他们会把注意力从自己身上转移到学生身上，做出的评论也从评价性转变为解释性。

玛丽·伦德伯格及其同事比较了观看自己教学视频的教师和观看同事与陌生教师视频的教师。他们发现，教师们表示，观看自己的视频获益最大；此外，单纯地观看教学视频的效果不如仔细分析并反复观看视频。其他人也得出了类似的结论。

视频数据最有利的一点或许当属可以多次观看。教师可以反复回放和重新播放视频，每次关注一个不同的教学方面。例如，第一次看某段视频时，教师可能会重点观察自己使用语言和非语言行为向学生表示关爱。第二次，他可能会注意教室的布局是否影响了上课节奏和常规的课堂活动（如分组，或收发材料）。以下片段描述了一名教师是如何使用视频获取针对性反馈的。

> 贝恩晨先生是一名中学社会学教师。他录制了自己讲解宪法的授课视频。第一次看视频时，他观察了教室布置是否便于小组合

作，这是他设定的一个成长目标。他注意到，将课桌分组的方式很有用，但也意识到学生们要不停地离开小组去取材料和用品。返回后，又要花很长时间才能回到任务中去。他想，“也许我可以为每个小组做个用品箱，这样他们需要的所有东西便都能摆在面前”。

第二次看时，他查看了自己是否帮助学生们在宪法单元和前一单元（不同的政府组织形式）之间建立了显著联系。这是他决定关注的另一个方面。他仔细听了学生们对问题的回答，发现虽然学生们在两个单元之间建立了很好的联系，但都仅仅停留在口头上。他意识到，以后他要利用不同的媒体方式建立联系，比如视频、图片、艺术和视觉表现等。他又看了一遍视频，因为想要了解自己洞悉全局的能力，这是他设定的第三个成长目标。他注意到，自己在教室里走动和与学生进行眼神交流这两方面做得很好，但是有几次他没有在刚发现潜在问题时就立即处理。他知道，忽视问题并不会让问题消失，所以决定今后会将问题消灭于萌芽状态。

学生调查数据

学生调查数据可以作为一种有效的针对性反馈形式。表5.2描述了一种学生调查方式。

表5.2 学生调查表

说明：请就每个问题圈出“不同意”“同意”或“非常同意”。

学习目标和反馈

1. 教师清楚地传达了上课时要学的内容。

   不同意　　同意　　非常同意

（续表）

2. 教师帮助我评估每个单元的学习情况。

   不同意　　同意　　非常同意

3. 我表现好的时候，教师会注意到我。

   不同意　　同意　　非常同意

规则和程序

4. 教师告诉我他/她希望我在课堂上遵守纪律。

   不同意　　同意　　非常同意

5. 教室的布置有利于学习。

   不同意　　同意　　非常同意

新信息

6. 教师告诉我哪些信息是最重要的。

   不同意　　同意　　非常同意

7. 教师要求我在小组中学习新知识。

   不同意　　同意　　非常同意

8. 教师帮助我思考我已经知道的知识。

   不同意　　同意　　非常同意

9. 教师分次少量地教授新知识。

   不同意　　同意　　非常同意

10. 教师给我时间思考我已经学到的知识。

    不同意　　同意　　非常同意

11. 教师帮助我学习他/她在课堂上没有教过的知识。

    不同意　　同意　　非常同意

12. 教师让我用图片、图表和图形展示我的学习情况。

    不同意　　同意　　非常同意

13. 教师提出促使我思考自己学习情况的问题。

    不同意　　同意　　非常同意

（续表）

练习与深化知识

14. 教师提醒我回想已有知识。
    不同意　　同意　　非常同意
15. 教师希望班里的学生在学习上互帮互助。
    不同意　　同意　　非常同意
16. 教师布置了帮助我学习的作业。
    不同意　　同意　　非常同意
17. 教师让我思考事物之间的共性和差异。
    不同意　　同意　　非常同意
18. 教师让我找出听到或读到的信息中的错误。
    不同意　　同意　　非常同意
19. 教师让我反复练习，直到熟练掌握为止。
    不同意　　同意　　非常同意
20. 教师让我思考我可能存在误解或者仍感到困惑的内容。
    不同意　　同意　　非常同意

应用知识

21. 教师让我在小组中解决问题。
    不同意　　同意　　非常同意
22. 教师让我提出并检验预测是否正确。
    不同意　　同意　　非常同意
23. 教师总是愿意帮助我，并提供指导。
    不同意　　同意　　非常同意

课堂参与

24. 当我对教师所教的内容不感兴趣时，教师会注意到。
    不同意　　同意　　非常同意

（续表）

25. 教师让学习变得有趣好玩。
    不同意　　同意　　非常同意
26. 教师希望每个人都参与课堂讨论。
    不同意　　同意　　非常同意
27. 教师让我在上课时走动。
    不同意　　同意　　非常同意
28. 教师让课堂保持活跃。
    不同意　　同意　　非常同意
29. 教师对自己教授的知识充满热情。
    不同意　　同意　　非常同意
30. 教师鼓励我以尊重他人的方式提出和其他学生不同的意见。
    不同意　　同意　　非常同意
31. 教师希望了解我。
    不同意　　同意　　非常同意
32. 教师告诉我与所学内容相关的有趣或不寻常的事实。
    不同意　　同意　　非常同意

课堂管理

33. 教师知道教室里发生的所有事情。
    不同意　　同意　　非常同意
34. 当学生们违反规则时，教师会给予处罚。
    不同意　　同意　　非常同意
35. 当我遵守规则时，教师会注意到。
    不同意　　同意　　非常同意

师生关系

36. 教师想了解我的兴趣。
    不同意　　同意　　非常同意

（续表）

37. 教师喜欢我。
    不同意　　同意　　非常同意

38. 教师很有自制力。
    不同意　　同意　　非常同意

期望

39. 教师认为我能成功。
    不同意　　同意　　非常同意

40. 教师希望我回答有难度的问题。
    不同意　　同意　　非常同意

41. 教师让我解释答案背后的想法。
    不同意　　同意　　非常同意

表5.2中的问题就模式中的41个要素直接向学生询问。学生对调查表的回答可以为教师提供针对整个模式的反馈。

另一种方法是，仅向学生提出几个与教师成长目标中选定的策略相关的问题。例如，一位教师一直在尝试在提问后给学生们留出更多等待时间，使他们有更多的时间思考答案。这位教师可能会问："作为教师，我一直尝试在点名回答问题之前留出一点等待时间。这如何改变你的思考方式？"

- 学生1答道："有时候有点尴尬。我觉得您在点名之前在等着什么神奇的信号。但现在我知道了，您只是给我们时间思考，这可能会让我感到更舒服。"
- 学生2答道："我喜欢这种方式。这让我有时间思考。通常在课上我都懒得思考，因为我知道别人可能会比我先想出答案。"
- 学生3答道："我不需要等待。我总是在您提问之后马上就知道答案。"

- 学生4答道："我希望您能告诉我们您在做什么。我以为您在生我们的气，在花时间冷静下来。但是知道了您这么做是为了让我们都有机会回答问题，让我更喜欢这种方式了。"
- 学生5答道："请继续这样做。有些人总是在您提出问题后立即举手，真惹人讨厌。当您等待时，会给他们时间冷静下来，让其他人有机会参与。"
- 学生6答道："这让课堂变得无聊。反正我也不会在课上回答问题，所以不知道您为什么认为多给些时间会有用。"

教师会分析这些回答，然后在反思日志中写一则记录。表5.3展示了反思日志记录示例。

以下片段描述了一名教师是如何利用学生调查数据的。

曹女士想用学生调查数据收集自己的教学信息，但是担心一年级学生填写调查表有困难。因此，她决定使用交互式白板中的学习者应答系统。她选择了与本学期个人成长目标相关的调查问题，将每个问题展示在白板上，同时将问题大声朗读给学生们。学生们通过按下答题装置上的按钮作答：(A)是的，我就是这么想的！(B)我不确定自己的感觉。(C)不，我不是这么想的。学生喜欢使用这项技术。曹女士的软件程序可以报告每位学生和整个班级的数据。之后，她查看了调查数据，看到了大部分学生回答的都是："不，我不是这么想的。"其中一个问题是"我清楚地知道课堂上正在学什么"，该问题旨在衡量教师是否明确传达了学习目标。为此，曹女士花更多时间告诉学生们每个单元的学习目标，并决定开始让学生们帮忙把每个目标转化成他们自己的语言。她将其称为"一年级语言"。

表5.3 反思日志记录示例

2/6	今天，我调查了学生们对我在提问后留出等待时间的感受。总的来说，我认为他们对于留出思考时间很感激。这样很公平，也让更多学生有机会回答问题，他们似乎很喜欢这个主意。 不过，有几个学生不喜欢，我想继续了解一下。我在想，是否能给那些在我提问后立即举手的学生找到一些合适的策略。我不想让他们失去热情，但也想让其他学生有机会参与。也许我会要求他们（总是率先举手的学生们）在课上拿出笔记本，在我提问时在本子上写下答案。这样，他们不光能继续参与课堂活动，也有机会构思更为详细的答案。我想和他们定期会面，检查他们的答案并给出反馈。 还有一小部分学生说，不管等多久，他们都不想回答问题。即便他们不习惯当众发言，我也要想出一个策略鼓励他们回答问题。 我想，今后在尝试新策略时，要对学生更加开放。收到的一些回答表明，我使用等待时间策略时，学生们感到困惑，有些人不知道我在做什么，也不知道为什么要这么做，因此会感到不安。如果在此之前向全班解释清楚，就能缓解这种不安。

学生成绩数据

最后，用于判断具体策略有效程度的最有效信息就是学生的成绩数据。获取此类数据需要提前准备和规划，但是为此付出的努力是值得的。我们建议采用以下方法研究具体策略对学生成绩的影响。

1. 选定两组学生，讲授相同的内容。

如果学校按学科给教师安排授课任务（也就是说，一名教师同时教多个班级），这便十分容易。例如，一位教师教七年级数学，她可以选定两个教授相同内容的班级。

如果教师单独负责一间教室（也就是说，一名教师负责讲授所有科目），可以将学生们随机分成两组。例如，负责一间独立教室的小学教师可以随机将班里的学生分成两个相似的小组。将全班一分为二时，教师必须安排其中一组学生至少有一节课的时间不在教室，比如让一半学生去图书馆待一节课。第二天，再安排另一半学生去图书馆待一节课。

2. 在两个班讲授相同的内容，并仅在其中一个班使用选定的策略。

如果是两个不同的班级，可以在多节课上尝试目标策略。如果是一个班的学生分成了两组，最好是只用一节课来尝试目标策略。

除了在一个班里使用目标策略，而另一个班不使用之外，尽可能确保其他方面两个班全都一样。例如，试图清晰传达学习目标的教师可能会在一个班里先开始讨论学习目标，让学生们有时间提出与目标有关的澄清性问题。教师每天会在白板上张贴学习目标。在另一个班里，教师则不会提及学习目标，但是做的其他事情与第一个班完全相同。

上述例子中，教师选择了两个不同班级的学生，因此可以在多节课中试验设定课堂学习目标的效果。但是，如果教师是在独立教室，则必须把班级分成两个小组，然后用一节课进行试验。当一半学生在图书馆时，另一半学生在教室上课，教师在课上明确解释学习目标。第二天，前一天在教室上课的学生去图书馆，另一半学生（之前去图书馆的）在教室上同样的课，但是教师不对学习目标做任何解释。

3. 让两组学生参与相同的预先测试和学后测试，并比较结果。

为了判断策略是否有效，教师让两组学生参加相同的预先测试和学后测试。一组是使用目标教学策略的学生（称为实验组），另一组是未使用目标教学策略的学生（称为对照组）。教师将每名学生的学后测试分数减去预先测试分数，得出进步分数。

教师只需比较两组学生的平均进步分数便可确定目标策略是否提高了学生成绩。例如，如果接触该策略的学生（实验组）的平均进步分数为32.5，未接触该策略的学生（对照组）的平均进步分数为22.1，则表明该策略对学生的学习有积极影响。当然，这并非严格统计和处理数据的方式，但它可以证明该策略产生了积极影响。

观察具体类型的学生

成绩数据的另一种用途是研究班里不同学生群体之间的分数差异。例如，教师可比较英语学习者和非英语学习者。这种比较通常会引起学校和学区管理者的兴趣，因为这可以用来判断针对不同学生群体的教学效果。例如，图5.1描述了一位教师的实验组班级和对照组班级中的英语学习者和其他学生的进步分数。

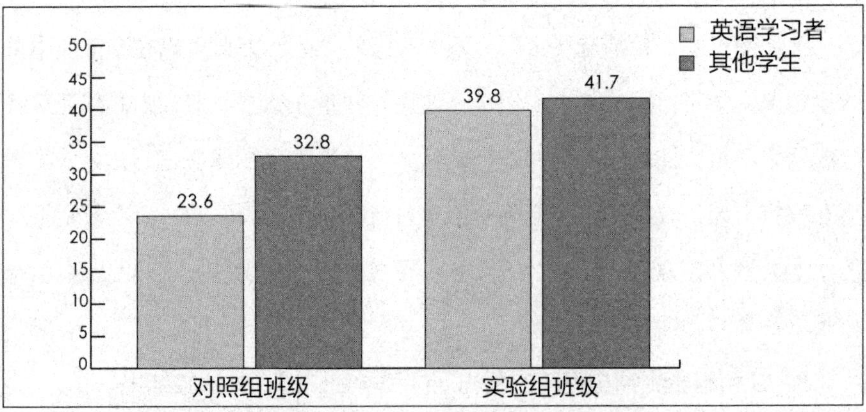

图5.1 英语学习者的平均进步分数与其他学生进步分数的对比

请注意，实验组班级中，英语学习者和其他学生的平均进步分数非常接近。对照组班级中，英语学习者的平均进步分数则低得多。这些数据表明，这种策略是有效果的，似乎对英语学习者有所帮助。此外，还可以根据性别、种族或教师期望比较学生的平均进步成绩。以下描述了一名教师是如何利用学生成绩数据的。

罗塞蒂女士是一名高中英语教师，正在帮助学生们在阅读查尔斯·狄更斯的《双城记》时修正已有知识。她教二年级的两个班，决定在一个班使用学术笔记本策略，另一个班不使用。首先，她在两个班进行了同样的预先测试。然后，给两个班讲授相同的内容。但是，在实验班，她要求学生们每天于下课前五分钟在笔记本上写笔记。学生们每周与学伴一起回顾一次笔记本，纠正错误，消除误解，添加在过去一周得到的其他信息或结论。

本单元结束时，罗塞蒂女士进行了学后测试。她发现，对照组（没有使用学术笔记本策略）的平均进步分数为22.8，实验组的平均进步分数为30.5。她还比较了两个班级里英语学习者和其他学生的平均进步分数，发现在实验组班级中分差只有0.8分，在对照组班级中则相差4.8分。她对这一发现非常感兴趣，校长和其他的学区管理者也十分感兴趣。

汇总数据

针对性反馈的最终目标是让教师追踪自己的进步。图5.2描述了一名教师在使用班级投票策略时的反馈，这是“如何开展友好辩论”要素中的一个策略。

教师进步图

姓名：马蒂·布隆伯格

教学策略：班级投票

我的初始分数：1.0分　　我的目标是在5月24日之前达到3.0。

具体待改进事项：使用三次班级投票策略，并录制视频，分析视频。利用班级调查收集学生对班级投票看法的数据。

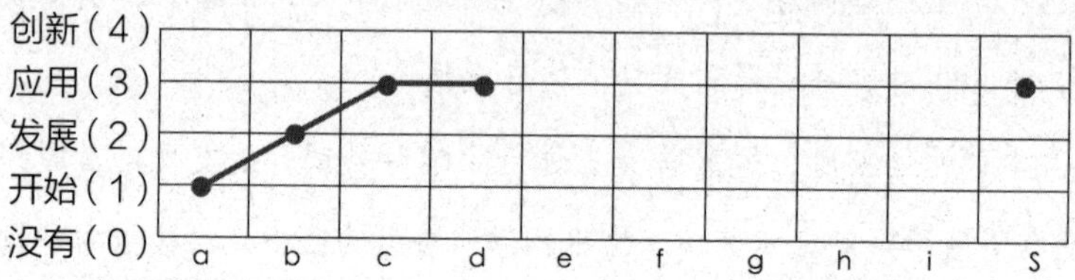

a. 1月16日
b. 2月3日
c. 3月12日
d. 4月9日
e. ________
f. ________
g. ________
h. ________
i. ________

最终分值：3.0

图5.2　教师使用友好辩论策略的进步情况

请注意，表中显示了四个月中的不同分数。教师使用上述各种类型的数据评估自己在每个时间节点的表现，从而得出以上分数。对教师而言，记录打分逻辑十分关键。表5.4描述了教师可以使用的记录方式。

表5.4　教师对打分依据的描述

1/16	观看了自己利用班级投票引入友好辩论策略的视频后，我给自己打1分。我尝试了这个策略，但是感觉自己把其中重要的部分弄错了。我让学生们投票，但当被要求根据投票前往教室里的不同位置时，他们变得很吵，几乎无法讨论他们的意见。最后，我不再组织投票，因为让学生们在讨论时保持安静使我精疲力竭。
2/3	我再次录制了使用班级投票策略的视频。我给自己打2分，因为我感觉好多了。我设计了一个让课堂讨论有序进行的方案（让学生们在投票之后搬椅子坐下）。按照这个方案，我们讨论了学生们的意见，并在讨论后再次投票。我认为讨论有点肤浅，但是当时我忙于让每个人集中注意力，无法关注到学生们在说什么。
3/12	今天，我又录制了使用班级投票策略的视频。看完视频，思考了整个过程后，我给自己打了3分。我觉得，这次我没有把太多注意力放在方案或执行步骤上，我能够关注学生们的发言内容。我提出了探究性问题，甚至帮助学生们互相提问，并以尊重学生的方式点评了他们的意见。
4/9	我使用调查表向学生们收集信息，了解他们对我在课上使用班级投票策略的看法。根据调查结果，我给自己对该策略的使用打3分。大多数学生表示从班级投票策略中学到了东西，因为这能够帮助他们澄清并讨论对某个问题的看法。一些学生指出，有时觉得在讨论之前对问题提出看法十分尴尬。因此，我可能会在下一次加入一些研讨环节，让学生们有时间在讨论前收集信息，形成观点。

1月16日，教师将自己评为开始（1）水平。他解释说，他在执行策略时依然会犯错。到3月12日，他将自己评为应用（3）水平。他解释说，自己能够在使用策略时监控该策略对全班学生的影响。以下片段展示了一名教师是如何汇总数据来追踪进步情况的。

福尔斯先生一直在追踪自己在帮助学生们分析共性和差异方面的进展。自从1月份开始记录以来，他使用了几种不同的比较策略，包括填句子做比较、维恩图和比较矩阵。然而，他的分数依然是1分和2分。他有点沮丧，看着自己的分数，他意识到在策略之间来回切换并不能让他真正熟练使用任何一种策略。他决定把重点放在让四年级学生填句子做比较上。他录制了自己的几节课。课上，他先示范了如何做比较，然后要求学生们进行比较。他还在学生中间开展调查，了解这种策略对他们的帮助。他与合作教师一起设计了一个单元，授课时，他使用“填句子做比较”策略讲授内容，而合作教师讲授相同的内容，但是不安排比较活动。他们收集了预先测试和学后测试的成绩数据，观察“填句子做比较”策略对学生成绩的影响。他在追踪表上就所有活动为自己打分。几个月的时间里，他多次达到应用（3）水平。

小结

本章讨论了针对性反馈的要素。反馈可以让教师衡量教学实践的效果。反思日志和通过视频进行自我观察都是可采用的反馈方式，能够使教师从外部以更加客观的角度观察自己的实践。教师可以结对或以小组为单位观看视频，就具体要素的表现互相提供反馈。学生也是很好的反馈来源。他们可以通过回答关于具体教学策略使用情况的调查问题为教师提供数据。此外，学生成绩数据也可以提供深入的反馈。若学生们取得了更好的成绩，则意味着教师的实践达到了预期效果。

理解题

1. 通过哪些方式可以获得有针对性的反馈？

2. 教师在观看自己的教学视频时应该遵循什么指导方针？
3. 您会如何在自己的课堂上就具体策略收集学生成绩数据？
4. 教师可以如何组织和追踪多种来源的反馈？

第6章

观课议课

教学技能发展的最后一项要素是观课议课。顾名思义，此类活动需要与其他教师互动。本章中，我们将简要讨论三种教师可以采用的互动方法：（1）其他教师的授课视频；（2）同事互助指导；（3）教学巡视。只要有两名或两名以上的教师共同合作，即可使用前两种方法，但方法3需要管理人员的支持。

其他教师的授课视频

我们在第5章讨论了教师可以如何观看自己的授课视频进行自我反馈。在本节中，我们将探讨教师如何观看其他教师的视频，以及讨论视频中教学策略的有效性。该方法只需两名或两名以上教师自愿面对面讨论教学策略和行为。

有大量资源可用于此类专业互动。

互联网上还有一些电视节目和电影中的幽默视频剪辑。例如：

- 《春天不是读书天》（*Ferris Bueller's Day Off*）中的本·斯泰因
- 《死亡诗社》（*Dead Poets Society*）中的罗宾·威廉姆斯
- 《周六夜现场》（*Saturday Night Live*）中的杰瑞·宋飞
- 《开学》（*Back to School*）中的罗德尼·丹泽菲尔德
- 《约会八条规》（*8 Simple Rules*）中的大卫·斯佩德

在观看来自视频网站或电视节目和电影的视频时，请找出教师做得好和做得不好的地方，这样做很有用。让我们以《死亡诗社》的视频片段为例加以说明。在该电影中，演员罗宾·威廉姆斯扮演一名私立男校的教师。在上述视频的场景中，威廉姆斯带领他的学生们走到学校的门厅，站在一个大展示柜前，里面有往届学生的照片以及获得的奖杯和奖品。他引用罗伯特·赫里克的一首诗中的第一节，敦促学生们抓住每一天，充分利用自己的生命，尤其是因为他们总有一天会死去，就像眼前照片中的人一样。

该场景中，威廉姆斯扮演的角色使用了几种有效的策略。例如，他把男孩们带出教室，来到学校的门厅，让他们亲自去感受。他使用经典语录和视觉辅助吸引学生们的注意，让他们参与进来，当他与每位学生进行眼神交流时，学生们能感觉到他的激情和热忱。他直接将说教内容与学生们的生命联系起来，尽管后来大家将他声音的抑扬顿挫（从高亢激昂到轻声低语）描述为“诡异”，但他们也承认这位教师与众不同、非常有趣。

还有一些策略是威廉姆斯扮演的角色应当采用但却没有采用的。例如，当一名学生用简短浅显的答案回答他其中一个问题时，威廉姆斯扮演的角色回答说：“不对！”随后告诉全班同学答案应该是什么。其实他可以提出一个引发思考的问题，让这名学生探索答案，从而引导他给出一个更有意义的答案。

一般来说，教师们可以讨论视频片段中使用的有效策略以及可以使用或应该使用的策略。使用这一方式，几乎所有的视频片段都能作为观课议课的有用工具。下方示例展示了两名教师可以如何使用视频片段。

布朗女士和塞尔吉斯女士正在观看授课视频。首先，她们从网上找了一个授课视频，内容是一名八年级的教师使用手势和语气向学生讲解运算顺序。她们各自指出视频中的教师做得好的地方（有激情和热情，使用手势，使用语言提示），然后讨论该教师可以做哪些改进。她们一致认为，该教师可以让学生们做更多练习，提高他们使用运算顺序的流利度。若她能组织友好辩论或换位思考，学生们可能会更好地理解运算过程背后的规则。然后，她们观看了电影《春天不是读书天》中的一个幽默视频片段。虽然已经对演员本·斯泰因讲授高中社会学的场景很熟悉，但她们想看看是否能从中找出一些积极的策略。视频中沉闷无比的授课场景让两位教师捧腹大笑，但她们确实注意到他必定有良好的课堂管理和洞悉能力，因为教室里几乎没有出现任何行为问题。她们还看到，他似乎对教学内容有着透彻的理解，但认为他可以更好地设计重点内容导入环节，也可以组织一些友好辩论活动帮助学生们讨论拉弗曲线。

同事互助指导

同事互助指导指教师组成两人或三人小组，并同意就教学策略的使用向对方提供坦诚的反馈。在幼儿园至12年级教育中，互助指导的应用形式多种多样，但**同事互助指导**（也称为同伴互助指导）具体指“一个相互信任的过程，在这一过程中，两名或两名以上的同事进行合作，以反思当前的实践；拓展、完善和习得新的技能；分享想法；互相教导；开展课堂研究；或解决工作中的问题”。布鲁斯·乔伊斯和贝弗利·肖沃斯认为，互助指导对教师的技能有深刻的影响。具体来说，他们发现，“在入职培训过程中加入互助指导时，培训转化率得到了显著的提高，效应值达到1.42”。换言之，有互助指导的培训（相比单纯的培训）可以使教师的培训转化率提高42个百分点。他们还发现，与接受过相同入职培训但没有接受互助指导的教师相比，接受过互助指导的教师练习新策略的次数更多，策略技能掌握得更加熟练，能更恰当地使用策略，对策略的记忆更长久，更有可能也更有能力向学生解释新策略。

经证实，同伴互助指导，即两名或两名以上的教师互相指导，能够在许多场景下带来多种好处。它可以促进更有效的教学实践，帮助教师学习和完善新的策略，为来自不同语言和文化背景的学生们提供更好的指导，促使教师采用新的教学策略，并加强教师对有学习风险的学生的早期读写指导。

罗赞·兹瓦特、西奥·伍贝尔、西奥·卑尔根和桑妮·博尔休斯发现，如果参加同伴互助指导计划的教师感到在课堂上尝试新的教学实践和方法有压力，并认为同伴互助关系是安全、有建设性和值得信赖的，他们将受益最大。帕姆·罗宾斯表示："为确保有效性和持续性，必须为指导活动明确一个焦点。而且，这个焦点必须与每位参与者均息息相关"。

"同伴互助指导"是幼儿园至12年级教育中的流行词，因此我们更倾向于使用"同事互助指导"这一说法。有几种不同的方式可以用于分配或选择互助指导小组的同事。教师可以简单地选择一名或几名已经与自己建立了尊重和信任关系的同事。或者，如果教师希望在某些领域有所提高，也可以选择在这些领域表现优秀的同事。还有一种方法是，让全校教师抽签，随机结成两人或三人组。三种方法都是可以接受的，具体取决于教职工的舒适度和学校的集体氛围。建立同事互助指导关系后，应为每个小组制定规则。规则中可以包括下列规定：

- 观察和反馈是保密的，应当仅在同事互助指导小组内部分享。
- 不得分享因同事互助指导关系获得的信息并将其用于正式评估。
- 互助指导小组中的教师应提出明确的问题，用坦诚和鼓励性的方式沟通。

下方示例描述了可以如何在工作中使用同事互助指导。

黛比、拉蒂莎和布里是小学教师，她们自愿组成同事互助指导小组。黛比是一名三年级教师，正在寻求日常管理方面的帮助。具体来说，她希望在设定明确的规则和程序以及判断学生们是否遵守了既定规则和程序方面获得帮助。她注意到，随着年级的增长，学生们越来越不遵守规则和程序。到了年底，她就很为难。拉蒂莎是一名五年级教师，她在班级日常管理方面能力出众，可以给黛比提供一些很好的想法。而拉蒂莎希望在提问策略方面得到帮助。布里是一名音乐教师，在设定和准确描述学习目标方面存在困难。她发现自己过于注重课堂活动，往往会忽略去确保学生们清楚在教学单元结束时应该学到什么。布里和黛比认为她们可以在提问策略方面为拉蒂莎提供具体的帮助。于是，三人见面并分享了各自的成长目标。之后，她们安排了第一次课堂观摩活动，黛比同意第一个接受观察，因为在学年初期设立规则和程序十分重要。观课结束后，小组会面，拉蒂莎和布里根据与清晰界定和传达规则及程序有关的量表、教师证据和学生证据，向黛比提出了反思性问题并提供了一些建议。她们限制了建议的数量，以便使互助活动重点突出。每个季度末，三位教师会反思她们的个人进步，并记录自己的目标达成情况。

教学巡视

最有效的观课议课方式之一是开展教学巡视。观看其他教师的授课视频和同事互助指导只需很少或无需管理人员从旁协助，但教学巡视通常是全校性的，需要管理人员的协助和参与。

教学巡视过程中，观课教师小组会走进教室，观察同事们的现场授课。教学巡视的目的是让观课教师将自己的教学实践与被观课教师的教学实践进行比较。观课结束后，观课教师开展小组讨论和反思，并对自己的实践做出总结。与许多观课安排不同，教学巡视的重点不是教学评估。尽管被观课教师可以要求观课教师提供反馈，但教学巡视主要是为了提高观课教师的教学技能，鼓励同事间的合作。许多组织教学巡视的学校发现，这样做可以为职业成长注入活力和热情，使教师审视和改进自身的教学实践。

一项精心设计的教学巡视计划要求全校所有教师在每学期都应该作为观课教师参与一次巡视。由一名带队教师负责协助观课教师小组开展工作。带队教师通常是一名专业能力很强的人，是公认的优秀教师，负责指导小组的观察、讨论和反思。虽然管理人员也可以担任带队教师，但每个人都必须清楚地认识到，管理人员在教学巡视中不发挥评估作用。理想情况下，观课教师小组应当去观摩资深教师的课堂，因为这些教师在提高学生成绩方面的能力已经得到充分证明。带队教师可以在学校中选出一些这样的教师，并请求他们允许其他教师到课观摩。或者，任何教师都可以自愿接受课堂观察，这样一来，观课小组将看到专业水平不同的教师。

在教学巡视的第一阶段，被观课教师告知全班同学，当天会有一组教师来到课堂。被观课教师可以告诉学生们，此次观课的目的是帮助教师们相互学习，就像学生们要相互学习一样。观课教师小组在进入教室前应当先敲门，找到不会打断课堂教学的座位（通常在教室后面）坐下，并记录他们观察到的具体教学策略。观课结束后，观课教师小组应当感谢被观课教师和班级，然后安静地离开教室。

带队教师协助开展教学巡视第二阶段的工作，包括讨论和反思。讨论和反思通常于观课结束后在教室外的走廊进行。带队教师先提醒所有参与者，讨论的重点不是评估被观课教师。开始之前，还应该先回顾一下规则（于观课前制定好）。以下是一套可供观课小组使用的规则：

- 观课过程中收集和记录的信息是保密的，不应与小组外的任何人分享。
- 讨论中提出的所有意见都是保密的，不应与小组外的任何人分享。
- 除非被观课教师明确要求反馈，否则不应向他们提出建议。
- 应当感谢被观课教师，认可他们对学校集体教学智慧的贡献。

讨论开始后，教师们先分享在课堂上观察到的积极事件或结果（有时称为“优点”），以及他们认为教师的哪些做法或策略促成了这些事件或结果。例如，一名组员可能会说，社会学课堂上的学生们看起来很投入而且课堂讨论气氛热烈。这名组员可能会说，教师使用的友好辩论策略提升了学生的参与度和热情。另一名组员可能会说，她从学生们的回答中注意到，他们似乎对教学内容有深刻的理解并能够与已有知识建立联系，她可能会把这一结果归因于教师对“把内容划分为小节”策略的使用。

教师也可以就被观课教师的课堂策略提出问题或担忧（有时称为“不足”）。上例中，观察到友好辩论策略的组员可能会注意到，一些学生似乎不愿意加入课堂讨论，也许是因为他们不确定自己对正在讨论的问题有什么看法，或者是觉得被班上更有发言权的学生压制了。所有组员轮流分享课堂的优点和不足后，小组继续观察另一个课堂。

教学巡视的最后一个步骤是组员分别总结他们从前两个阶段得出的结论。最后的分享环节安排在巡视周期结束时。小组成员应当在巡视总结中列出以下三个要点：

1. 他们已经在使用，并且看到别人也在有效使用的策略和教学实践。
2. 他们已经在使用，但希望根据观察重新审视或修改的策略和教学实践。
3. 他们尚未使用，但由于看到别人能有效使用而准备尝试的策略或教学实践。

例如，一名观课教师可能会做出以下总结：

> “思考—结对—分享”是我正在使用的信息处理策略，而且我看到另一名教师使用它，并取得了很好的效果。我更加确信这是一个非常有效的策略，我将继续使用该策略。我已经在使用学术笔

记本策略，但我看到另一名教师要求学生们在学术笔记本上除了写文字之外，还要创造一些非语言性描述，这让他们似乎对内容理解得更为透彻。我仅仅要求学生们在学术笔记本上写文字，所以也想开始要求他们使用诸如图表、组织图、流程图和图像等非语言性描述。我目前尚未组织过友好辩论活动，但我准备尝试一下。我不想让学生们觉得如果他们不说话或者对主题没有充分形成意见，就会被忽视，所以我想我会使用用脚投票的策略，让每个人都有发言权，并在教学中加入一些身体活动。

下方示例描述了一所学校如何开展教学巡视。

奥布梅尔女士是一所中学的校长，她请学校里最有经验和最专业的教师之一詹金斯先生牵头负责教学巡视。詹金斯先生在第一次年度教职工大会上解释了教学巡视，有几名教师自愿接受观察。此外，詹金斯先生和奥布梅尔女士还选出了七名资深教师，这些教师的学生成绩一直很好，并请求他们允许其他教师前往课堂观摩授课。詹金斯先生重申了观课不以评估为目的之后，大多数教师都表示愿意接受观摩。詹金斯先生制定了一个时间表，列出哪些教师将在哪天参加巡视，奥布梅尔女士为这些教师安排了代课教师。

巡视第一天，詹金斯先生在课前与参加巡视的教师见面，回顾教师在观课期间应当如何做，应当观察什么，以及在讨论阶段应当准备分享什么。詹金斯先生和小组成员在当天上午观摩了三堂课。每次观摩时长为十到十五分钟。观摩结束后，教师们立即分享他们观察到的优点和不足。关于这些观察的讨论简短而又集中。观课小组的教师们在该过程中似乎非常投入。第三次观摩和分享后，教师们总结了上午的结论，列出他们看到哪些与自己所用的策略相似的教学策略，他们对自己的教学实践可能产生的疑问或担忧，以及通过上午的观察对教学策略产生了哪些新的想法。观课小组的所有教师都认为，这个上午对他们的职业发展非常有益。

小结

本章讨论了教师可以使用的观课议课方法。教师们可以结对或以小组形式观看其他教师的授课视频，找出视频中的教师使用得当的教学策略，以及该教师应当使用却没有使用的策略。互助指导的同事之间可以互相观察，并一起面对面交流，提供反馈和建议。而教学巡视是一种正式的组织安排，使教师们有机会观察同事的课堂和反思自己的教学实践。

理解题

1. 教师在观看其他教师的授课视频时有哪些注意事项?
2. 您会如何利用同事互助指导策略来提高自己的专业技能?
3. 教学巡视的目的是什么?
4. 在您的学校，您会如何利用教学巡视策略?

第7章

反思性实践策略

本书的前六章讨论了反思性实践的模式，它可以成为职业发展和提高教学技能的有力工具。第2章提出的有效教学模式可被用于设定成长目标、进行专门的实践、接受有针对性的反馈、观察和讨论教学，从而促进K-12教师的自我意识与自我反思。

纵观全书，我们在第2章介绍的“教学的艺术和科学”模式中提到了与有效教学的41个要素相关的教学策略和教师行为，为本书描述的反思性实践模式提供了有针对性的具体说明。为了帮助教师认识与了解这些教学策略和教师行为，我们撰写了这一章内容。

这一章包含280个反思性实践策略，根据“教学的艺术和科学”框架中列出的41个有效教学要素进行组织。这一章旨为教师提供快速参考，以便于找到、学习、计划和实施与个人成长目标相对应的教学策略和教师行为。在此，我们简要地描述每种策略，但也提供了足够的细节，以便教师在课堂上即拿即用这些策略或行为。

41个有效教学要素

常规活动课程环节

预设问题：如何设定和传达学习目标，追踪学生的进步并庆祝成就？

要素1：如何提供清晰的学习目标和量表（评估准则）？

要素2：如何追踪学生的进步？

要素3：如何庆祝学生成就？

预设问题：如何制定并维护课堂规则和程序？

要素4：如何制定并维护课堂规则和程序？

要素5：如何规划教室的空间布局？

内容学习课程环节

预设问题：如何帮助学生们有效地与新知识互动？

要素6：如何确定关键信息？

要素7：如何组织学生们与新知识互动？

要素8：如何预习新内容？

要素9：如何把内容划分成易于消化的小节？

要素10：如何帮助学生们处理新信息？

要素11：如何帮助学生们详细阐述新信息？

要素12：如何帮助学生们记录并表述知识？

要素13：如何帮助学生们反思自己的学习？

预设问题：如何帮助学生们练习并加深对新知识的理解？

要素14：如何回顾课程内容？

要素15：如何组织学生们练习和深入理解知识？

要素16：如何布置家庭作业？

要素17：如何帮助学生们分析共性和差异？

要素18：如何帮助学生们识别推理中的谬误？

要素19：如何帮助学生们练习技能、策略和程序？

要素20：如何帮助学生们修正对知识的理解？

预设问题：如何帮助学生们就新知识提出假设并进行检验？

要素21：如何组织学生们完成综合认知任务？

要素22：如何引导学生们参与涉及提出与检验假设的综合认知任务？

要素23：如何为学生们提供学习资源和学习指导？

即兴互动课程环节

预设问题：如何吸引学生们专心上课？

要素24：学生们不参与课堂学习怎么办？

要素25：如何使用教学游戏？

要素26：如何管理学生应答率？

要素27：如何利用肢体动作？

要素28：如何保持灵活的课堂节奏？

要素29：如何满怀热情全身心投入教学？

要素30：如何开展友好辩论？

要素31：如何为学生们提供谈论自己的机会？

要素32：如何导入不寻常或新奇的信息？

预设问题：如何识别并确认学生们是否遵守规则和程序？

要素33：如何展示洞悉全局的能力？

要素34：如何应对不遵守规则和程序的行为？

要素35：如何肯定遵守规则和程序的行为？

预设问题：如何建立和维护有效的师生关系？

要素36：如何了解学生的兴趣和背景？

要素37：如何使用语言和非语言行为表示对学生的关爱？

要素38：如何展示客观性与控制力？

预设问题：如何传达对所有学生的高期望？

要素39：如何向低期望学生表示重视和尊重？

要素40：如何向低期望学生提问？

要素41：如何探究低期望学生的错误答案？

常规活动课程环节

预设问题：如何设定和传达学习目标，追踪学生的进步并庆祝成就？

要素1：如何提供清晰的学习目标和量表（评估准则）？

· · 策 略 · ·

清楚地阐明学习目标，注意不要将它们与课堂活动或作业混淆

教师应阐明学习目标，说明学生们在课程、单元或学期结束时将了解什么或学会做什么。教师通过要求学生们完成活动和作业，以实现学习目标。教师可以将标准文件中的普通教学内容转化为以下两种不同形式的学习目标：

陈述性知识：学生们将理解____________。

程序性知识：学生们将能够____________。

一旦教师熟悉陈述性知识和程序性知识之间的区别，就可以使用更为灵活的语言和措辞撰写学习目标，例如：学生们将能够描述花色和光强之间的关系。

为学习目标创建量表或评估准则

教师为每个学习目标创建一个量表，详细阐明简单学习目标和复杂学习目标（相对于既定学习目标），并将这三个目标填入如下所示的量表中（见表C.1）。

表C.1　五分制量表

4.0分	复杂学习目标 例如：学生们能够比较和对比有丝分裂过程与其他细胞分裂过程（例如减数分裂）的异同。
3.0分	既定学习目标 例如：学生们能够绘制显示有丝分裂过程的示意图。
2.0分	简单学习目标 例如：学生们能够识别关于有丝分裂过程的准确陈述。
1.0分	在有帮助的情况下，掌握部分2.0分内容和3.0分内容
0.0分	即使在有帮助的情况下，也未掌握任何学习内容

注意，在编制表格时，1.0分和0.0分的描述无须改动。

学生友好型量表

教师要求学生们将目标分值转化成他们能够理解的语言。教师向学生们解释既定学习目标、简单学习目标和复杂学习目标后，学生们分组自行来描述2.0分、3.0分和4.0分的要求。然后教师汇总学生们的意见，将改写后的量表提供给学生们，征求反馈和意见，并做出必要的修改。

学生的个人学习目标

教师要求学生们确定一个他们感兴趣并且与教师设定的学习目标相关的个人学习目标。然后学生们使用以下语句来描述个人学习目标：

学完本单元后，我将更好地理解____________。

学完本单元后，我将能够____________。

学生们可以使用以下表格来记录个人学习目标的达成情况（见表C.2）。

表C.2 个人学习目标自我评估表

4 = 我做得比设定的目标还要好。
3 = 我完成了目标。
2 = 我没有完成想做的所有事情，但我学到了很多。
1 = 我试过了，但并没有真正学到很多东西。
0 = 我并没有去真正尝试实现我的目标。

· · 技术环节 · ·

- 在课堂演示文稿中加入重申学习目标的幻灯片。
- 使用学习者应答系统时，加入此类问题：你认为自己在多大程度上实现了学习目标？
- 当学生们通过互联网学习时，提醒他们想一想网站内容对于实现学习目标是否有帮助。
- 鼓励学生们浏览与学习目标相关的网站，以帮助他们确定个人学习目标。

要素2：如何追踪学生的进步？

· · 策 略 · ·

形成性评估

为了开展形成性评估，教师应根据分值2.0、3.0和4.0所对应的内容（即在量表上为每个学习目标列出的具体内容）设计评估问题。对于2.0分的内容，设计选择题或其他客观题（如选择题、配对题、判断题或填空题）最为合适。对于3.0和4.0分的内容，设计简答题或拓展式主观题（如简短的书面或口头回答、作文、口头报告、演示或表演）最为合适。

教师可以使用简化量表（即没有0.5分这一档，参见表C.1）或完整量表对这些评估问题进行评分。以下是通用的完整量表（见表C.3）。

表C.3　通用的完整量表

4.0分	更为复杂的学习目标
3.5分	掌握3.0分内容，掌握部分4.0分内容
3.0分	既定学习目标
2.5分	在2.0分内容方面无重大错误或遗漏，并掌握部分3.0分内容
2.0分	简单学习目标
1.5分	掌握部分2.0分内容，但在3.0分内容方面存在重大错误或遗漏
1.0分	在有帮助的情况下，掌握部分2.0分内容和3.0分内容
0.5分	在有帮助的情况下，掌握部分2.0分内容，但没有掌握3.0分内容
0.0分	即使在有帮助的情况下，也未掌握任何学习内容

以下量表中填入了分值2.0、3.0、4.0对应的具体学习内容（见表C.4）。

表C.4　含具体内容学习目标的完整量表

4.0分	学生们能够解释为什么欧洲人会在非洲、亚洲和澳洲等其他大陆探索和建立定居点
3.5分	掌握3.0分内容，掌握部分4.0分内容
3.0分	学生们能够解释为什么欧洲人在美洲探索和建立定居点
2.5分	在2.0分内容方面无重大错误或遗漏，掌握部分3.0分内容
2.0分	学生们能够辨认与欧洲人在美洲探索和定居有关的事实
1.5分	掌握部分2.0分内容，但在3.0分内容方面存在重大错误或遗漏
1.0分	在有帮助的情况下，掌握部分2.0分内容和3.0分内容
0.5分	在有帮助的情况下，掌握部分2.0分内容，但没有掌握3.0分内容
0.0分	即使在有帮助的情况下，也未掌握任何学习内容

学生答案分布模式

教师确定评估中的哪些题目分别代表2.0、3.0和4.0分内容，并使用编码系统（例如，C = 正确，I = 不正确，P = 部分正确）为每个题目计分，以此来确定答案的分布模式。可以根据以下标准进行评分：

- 所有题目都回答正确 = 4.0
- 所有3.0和2.0题目都回答正确，部分4.0题目回答正确= 3.5
- 所有3.0和2.0题目都回答正确，4.0题目都回答不正确= 3.0
- 所有2.0题目均回答正确，部分3.0题目和/或4.0题目回答正确 = 2.5
- 所有2.0题目都回答正确，3.0和4.0题目都回答不正确 = 2.0
- 部分2.0题目回答正确，3.0和/或4.0题目部分回答正确或都不正确 = 1.5

如果学生们没有答对任何题目或根本没有答题，教师应当与该生会面以确定他/她的分数。可以使用以下标准：

- 独立作答时，所有题目都不正确；但在有帮助的情况下，部分答对2.0和3.0题目= 1.0
- 独立作答时，所有题目都不正确；但在有帮助的情况下，部分答对2.0题目，但是3.0题目都不正确 = 0.5
- 独立作答时，所有题目都不正确；但在有帮助的情况下，所有题目还是都不正确= 0.0

单个分数级别的评估

教师可以仅针对量表中的一个级别设计评估（例如，仅2.0内容），以此考查学生们的程序性知识（该知识自成一体，需要掌握该级别的内容后，才能进入下一级），也可以允许学生们按照自己的节奏逐步掌握量表中各个级别的内容。

不同类型的评估

教师可以使用介入式评估（打断课堂活动）、非介入式评估（不打断课堂活动）或学生自我评估。介入式评估可以是笔头测试、演示和表演、口头汇报或探究性讨论（师生一对一对话）。非介入式评估通常采用观察法，当教师看到某位学生展示出具体类型的知识时，会给该生打一个分数。学生自我评估要求学生们自己提出学习任务，展示他们对具体学习目标的知识水平。

形成性评分

教师使用一种或多种不同的评分方法，每种方法总结如下：

- **方法1**——单元中的每次评估都对学生们在2.0、3.0或4.0这三个级别上的表现打分。学生们为他们整个单元中的分数绘制图表。单元学习结束时，教师使用这组分数计算总分。
- **方法2**——单元中的第一次评估对学生们在2.0、3.0或4.0这三个级别上的表现打分。第一次评估后，学生们可以按照自己的节奏学习，通过当前级别的评估后，再继续学习下一级内容。
- **方法3**——教师就单个级别的内容对全班进行评估，只有班上大多数学生掌握了当前级别的内容后，才进入下一级。
- **方法4**——每个单元结束时，教师为学生们打分，但允许他们在学年中的任何时间来刷分，方法是采用自我评估法证明自己达到了更高的分数水平。

绘制学生进步图

教师提供图表，让学生们记录在相应学习目标上的进步情况，如图C.1所示。

学生进步图

记录我的进步情况

姓名：考特尼

学习目标：推测与论证美国南北战争的起因

我的初始分数：1.5　　我的目标是在11月17日之前达到3.0。

具体提升计划：每周学习3次，每次15分钟。

学习目标：推测与论证美国南北战争的起因

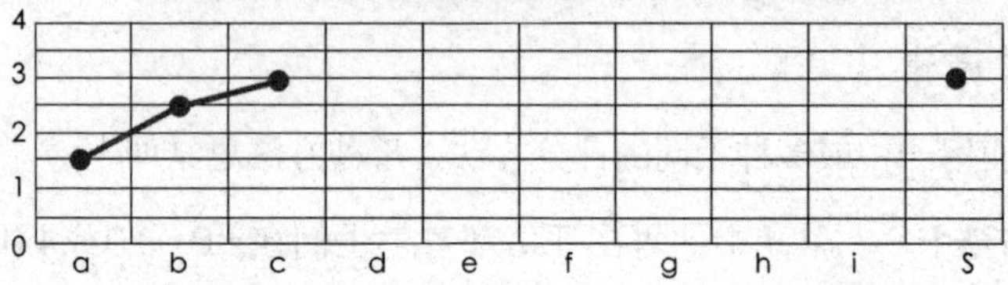

a. 9月12日	f. ______
b. 10月18日	g. ______
c. 11月9日	h. ______
d. ______	i. ______
e. ______	最终分值：3.0

图C.1　学生进步图

学生们在单元开始时设定学习目标，然后在整个单元的学习过程中记录自己在该学习目标上的得分。单元结束时，教师会针对记录的学习目标给学生们打一个最终分数或总分（参见图C.1的S列）。

绘制班级进步图

教师使用班级进步图展示学生们总体的进步情况，如图C.2所示。

班级进步图

记录学生学习成绩——全班

教师：乔西女士

测试内容：论述性文章

课程/科目：语言艺术　　评分阶段/时间：1—3月

该图表所示学生总数：95人

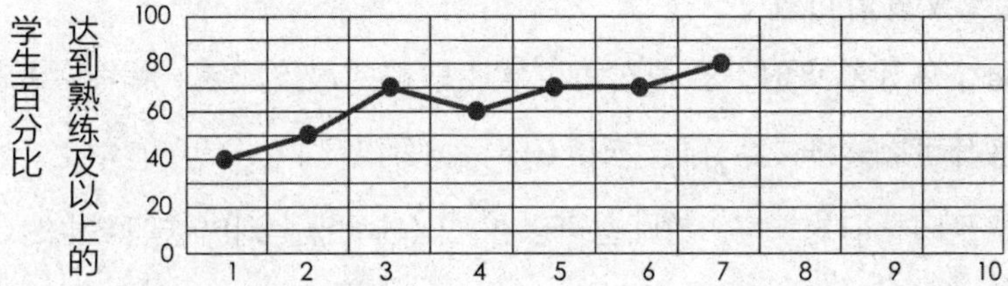

1. 1/12关于节日庆祝相关的论文
2. 1/23关于污染主题的论文
3. 2/3关于总统的论文
4. 2/14关于情人节的论文
5. 2/29关于科学理论的论文
6. 3/8 与季节相关的论文
7. 3/21 与环境相关的论文
8. ________
9. ________
10. ________

图C.2　班级进步图

· · 技术环节 · ·

- 使用学习者应答系统或投票网站收集学生学习水平的证据。
- 使用学习者应答系统时，展示匿名投票结果，并让学生们推荐有助于全班实现学习目标的活动。
- 使用社交网络和其他交流网站及设备，让学生们发帖并讨论他们了解哪些内容，以及他们还需要什么帮助。
- 允许学生们提交电子版作业（通过电子邮件或在线提交）。教师可以提供电子版反馈，然后学生们可以回应反馈并重新提交作业。

- 使用录音和录像提供口头反馈或录制师生会谈，供学生们后续复习使用。

要素3：如何庆祝学生成就？

· · 策 略 · ·

最终成绩的庆祝

每个单元结束时，教师对每位学生取得的最终成绩（或总分）表示庆祝。教师可以表扬最终分数达到3.0分、3.5分以及4.0分的所有学生。学生们起立接受同学们的掌声，教师也可以在教室的海报上列出这些学生的名字。

学习进步的庆祝

教师对学生们在学习上取得的进步，即学生初始分数和最终分数之间的变化，表示庆祝。为此，教师表扬在单元学习中取得进步的每位学生。教师应当表扬从1.5分升至3.0分的学生，并以同样的方式表扬从2.5分升至4.0分的学生，认可他们1.5分的进步。教师可以视情况表扬分数增长幅度在0.5、1、1.5、2.0、2.5、3.0及以上的学生。

语言反馈

教师通过具体说明学生们在学习任务上做得好的地方，突出强调他们的努力和进步，但应避免将学生们的成就归因于天生的智力、天赋或其他固定特性。做出语言反馈时可以使用的恰当措辞如下：

- 你很努力，干得好。
- 你投入了很多精力，做得不错。
- 你表现得非常专注，继续努力。
- 你做了充分的准备，继续努力。

- 你想得很周全，并得到了应有的回报。
- 你对此非常了解，干得漂亮。
- 你做了很多准备，很好。

· · 技术环节 · ·

- 使用电子邮件或短信把表扬信息发送给学生们，并鼓励他们分享给家长。
- 使用学习者应答系统或投票网站庆祝全班的进步。
- 使用电子表格软件（如Excel）创建图表和其他直观形式，突出强调个人和小组的进步。

预设问题：如何制定并维护课堂规则和程序？

要素4：如何制定并维护课堂规则和程序？

· · 策 略 · ·

使用一组简短的规则和程序

教师通过将每个班级的相关规定限制在5到8条来维护课堂规则和程序。教师可以围绕以下任何一个方面制定规则和程序：

- 一般课堂行为
- 学期或每天的开始和结束
- 过渡阶段
- 小组作业
- 课堂作业和教师主导的活动

- 常用材料、用品和设备的使用

向学生们解释课堂规则和程序

在学年或学期初，教师与学生们讨论规则和程序的必要性，展示一套教师设计好的规则，并解释其背后的逻辑。为了使规则更加明确，教师和学生们可建立一套程序（即方法步骤）。

与学生一起修改规则和程序

教师邀请学生修改现有的规则和程序。学生们分组创建一个修改后的规则列表。教师在黑板上列出小组建议，并引导全班进行讨论。最后学生们对每个建议进行投票，并将达成共识的规则加入原来的规则和程序列表里。

与学生一起制定规则和程序

组织全班对课堂规则和程序的必要性进行讨论，然后教师要求学生们分成小组，并列出初始的规则建议列表（教师可展示前几年的课堂规则来协助学生们讨论）。然后，教师将这些列表合成一套规则，供全班讨论。每条规则都需经过投票。教师将达成共识的规则添加到班级的最终规则列表中。随后的讨论中，学生们可以为需要进一步阐明的规则设计一套程序。

体现责任感的语言和学校信念的表述

教师带领全班围绕自由、平等、责任、威胁、观点和权利等概念展开讨论。然后，学生们可以书面陈述他们对于自己在学校的权利和责任的想法。全班还可以讨论需要制定规则和程序的现实生活场景。

在教室里张贴规则

教师在相关位置附近张贴相应的规则。例如，可以在小组活动区附近张贴小组活动规则和程序，在门口张贴离开教室的规则，在储物区附近张贴设备和用品使用规则。

班级誓词或班规

学生们根据课堂规则和程序编写班级誓词或班规，描述理想中的教室是什么样子，以及需要采取哪些行为来实现这一理想。所有学生都应在终稿上签字，并由教师将其贴在教室里展示。

海报和图表

学生们制作海报和图表，强调具体规则和程序的重要意义，或强调哪些品格（如诚信正直、情绪控制等）对课堂正常运转十分重要。

手势和符号

师生合作设计一些在课堂上传达基本信息的手势或信号。例如，举起手可以表示需要安静或注意，关灯并重新开灯可以表示小组讨论太嘈杂，举起一本书或一支铅笔可以表示学生们需要教师的帮助，还可以使用“小组讨论”等指令安排学生们前往预先指定的学习区域或小组。

小故事和角色扮演

学生们编写一些小故事或角色扮演情景剧，将课堂规则融入其中。学生们应当示范什么是恰当的行为。

与学生们一起回顾规则和程序

若学生们经常违反或忽视课堂规则和程序，教师可以让他们注意自己的行为，并就如何规范行为征求建议。学生们可与教师一起设计流程，使规则更加明确，也可以在一段时间内暂停某项规则，或完全放弃某项规则。

班会

师生指定时间来讨论课堂问题。应当制定一套规范班会的准则。例如：

- 每隔一周，在周五最后一节课的最后十分钟召开班会。
- 教师和学生们均坐下开会，以便每个人都能看到其他人的脸。
- 教师和学生们避免使用人名来强调问题重点。需要讨论的问题可以口头提出，也可以使用意见箱事先提交。

学生的自我评估

教师定期要求学生们评估自己对课堂规则和程序的遵守程度。学生们可以使用课堂规则和程序量表，就每一项规则或程序从1（不太遵守）到4（严格遵守）为自己评分。

· · 技术环节 · ·

- 使用技术工具发布当天的程序（如热身活动或日程表）或发布规则提示。开始上课时加入提醒环节，可以让师生共同检查、修改、更新或强调规则和程序。
- 在课堂网站、博客或维基网站上发布课堂规则和程序，以便家长和学生们可以随时查看。
- 教室中添加新技术设备后，要与学生们一起制定设备使用规则和程序。例如，笔记本电脑使用规则可以说明上盖何时需要半关闭，以便学生们能专注于课堂上的其他事情。

要素5：如何规划教室的空间布局？

· · 策 略 · ·

学习中心

学习中心应当设在远离教室过道的地方，方便教师察看和监控教室的各个方位，并紧邻书籍、资料以及在学习中心完成任务可能需要的其他材料。

计算机和技术设备

计算机应当放在远离教室过道的地方，方便教师看到所有的屏幕，监控学生活动。打印机的位置应便于学生使用并方便教师监控。计算机和打印机应放置在配件（如耳机、数据存储设备和备用纸张）储物区附近。投影仪的位置应便于全班教学时使用，并靠近储物区（用于存放记号笔、透明胶片、笔记本电脑和其他配件）。

实验设备及用品

思考动植物标本、化学品和实验设备（如玻璃器皿和本生灯）的储存和拿取时，教师要考虑学生们的安全、设备的保护以及是否便于学生们拿取和使用。

书架

教师将书架放置在可以为个人、小组和全班学习活动提供帮助的地方。

墙面

教师可以在教室的墙上张贴材料，强调当前的学习目标、任务时间表和公告。学年初，教师还要在墙上留出空白区域，供以后使用和张贴学生作品。公告栏可以用来展示学习目标、课堂规则和程序、作业、学校公告或校风校貌。日历可以展示日程表或作业截止时间。墙上也可以展示其他学习资源，包括字母表（在小学教室里）、诗歌、词汇表、历史大事记、当前学习主题的相关信息、作业的正确格式（标题、页码等），或者作业范例和样板。

展示学生作品

教师使用显眼的的自制口袋展示学生们的作品，学生们将优秀作业或作品放入其中。可以在海报上粘贴信封制作学生信箱。

教室装饰

教师设计教室的整体布置时要考虑以下问题：

- 学生们进入和离开教室时会看到什么？
- 学生们坐在课桌前时会看到什么？
- 学生们在小组活动区时会看到什么？

- 学生们在学习中心时会看到什么？
- 什么可能会分散注意力？
- 教室是否令人愉悦？
- 教室是否传达出对学习的整体关注？

教室材料

教师可使用以下教室必备材料指南：

- 笔、铅笔和纸
- 回形针、订书机和订书钉
- 音乐和CD播放机
- 创可贴、纸巾和学校要求的其他急救设备
- 考勤材料、学生信息表和座位表
- 收集纸张和透明胶片的盒子
- 投影仪备用灯泡
- 便利贴和姓名标签

教师确保学习空间位于材料附近，材料的摆放要确保学生们能快速、独立地找到所需物品。教师还要考虑某些材料的全年需求量并适时订购。

讲台

教师合理放置讲台，便于拿取面向全班授课时的教学材料，方便师生眼神交流和监督课堂作业。

学生课桌

教师在布置教室家具时要考虑课堂上有多少学生。课桌的摆放要便于全班学习时进行结对和分组，并留出通向每位学生课桌的走道（方便监督学生行为，提供个人帮助）。

全班教学区

教师为全班教学设计教学区域，包括常用材料的存储、黑板或白板、投影仪，以及投影屏幕。教师在教学时应当能与所有学生进行眼神交流，而学生们在上课过程中应能全程看到教师、投影仪屏幕和黑板。所有学生都应当能够听清教师的声音。

小组活动区

教师为小组活动设计好区域，便于学生们拿取小组合作所需的材料（如图表纸和记号笔），并合理安排座位以促进讨论和有效互动。

· · 技术环节 · ·

- 网上查询或咨询技术专家，了解如何布置和存放技术设备，以最大限度地提高学生使用率和学习效率。
- 定期拍摄学生们在课堂上使用技术设备的视频，以评估设备的位置和使用是否安全有效。如有需要，应调整教室的布局。

内容学习课程环节

预设问题：如何帮助学生们有效地与新知识互动？

要素6：如何确定关键信息？

· · 策 略 · ·

确定关键信息导入环节

教师挑选出对于学生们完成学习目标至关重要的内容片段，每个学习目标只需设计两到三个关键信息导入活动。单独列出这些活动可以为学生们和教师提供重点。

视觉活动

教师使用故事板、组织图和图片突出强调关键信息。

叙事活动

教师用讲故事的方式帮助学生们牢记课堂信息，并示意学生们哪些信息是重要的。

语调、手势和身体语言

教师通过提高或降低语调提示关键信息，或者为即将呈现的信息制造悬念。教师也可以通过与学生们进行眼神交流、使用手势、在房间里走动、微笑（或使用其他适当的面部表情）传达关键信息。应谨慎使用这些方法，因为过度使用会降低其有效性。

停顿时间

展示新内容时，教师在关键点上停顿一下，给学生们留出思考时间，并示意这一内容很重要。

· · 技术环节 · ·

- 使用演示软件、互联网图像或交互式白板工具创建可视化展示图，着重强调关键信息。
- 使用视频增强叙事活动的效果。
- 要求学生们浏览与关键信息相关的交互式网站。
- 学校和学区可以付费订阅知识网站，帮助学生们学习必备知识。

要素7：如何组织学生们与新知识互动？

· · 策 略 · ·

分组主动处理信息

学生们分组处理新信息时，他们可以了解组内其他成员处理信息的方式，其中有些方式可以增强自己的信息处理能力。一个小组由两到五名学生组成。小组应遵守以下活动规则：

- 学生们应当愿意在每次讨论中加入自己的观点。
- 学生们应当尊重其他组员的意见。
- 学生们应当确保自己理解别人在说什么。
- 如果遇到不理解的内容，学生们应勇于提问。
- 学生们应当乐于回答其他组员的问题。

可以为具体目的成立小组（临时小组），也可以形成长期搭档关系。教师可以将学生们随机分组，或者根据他们当前的理解能力，把理解能力强的学生和理解能力弱的学生混合在一起。

小组准则

为了确保学生小组（特别是长期小组）顺利合作，教师要求学生们制定一份准则清单（共同的态度与信仰），用以规范小组运作。教师给每名组员发几张索引卡，让他们写下自己认为最重要的准则。然后，学生们将所有准则汇总并分类，列出一份信仰与态度清单，帮助指导组员的行为。

“鱼缸”演示

教师要求学生们围成一个圆圈（“鱼缸”），直观地描述有效小组合作的样子。演示小组可以就一些行为做示范，例如转述、暂停、澄清、提问、自由讨论和使用礼貌的语言等。

任务卡

教师使用任务卡指定学生在小组中要扮演的具体角色，如协调人、总结员、提问者和笔记员。这种策略也有助于学生们在分组合作时能够平等参与。

预先确定“伙伴”有助于临时结组

教师给每人发放一张空白图纸，纸上的图案可以是一个时钟（有十二个空白，每小时一个），也可以是四季（有四个空白）或其他基于课程主题的空白图形。教师要求学生们就每个空白找一个搭档，并在图纸上填写搭档的名字。例如，如果麦迪和约翰同意成为“夏季”搭档，麦迪要在约翰图纸上的夏季空白处签名，而约翰也要在麦迪图纸上的夏季空白处签名。想要快速组建临时小组时，教师可以要求学生们找到他们的“夏季”（或者“两点钟”）伙伴，学生们就会迅速成组。

针对未分组学生的应急计划

教师为落单的学生指定见面地点，然后帮助他们结成小组或加入现有的小组。这有助于避免有些学生在大家都成组后落单。

使用预评估信息将学生分组

进行预评估后，教师通过学生们的已有知识信息将他们分组。有些情况下，教师可能会将具备较多已有知识的学生和具备较少已有知识的学生分在一组。在其他情况下，教师也可能将具备较多已有知识的学生分为一组，并将具备中等或较少已有知识的学生分为另外两组。

· · 技术环节 · ·

- 使用相关网站，帮助学生们开展小组合作。有些网站旨在协助在线交谈，有些则允许学生们收集信息并合作完成论文和演示文稿。

- 使用骰子和抽签转盘等技术工具（可在交互式白板软件中或从网上获得）进行分组。

要素8：如何预习新内容？

··策 略··

你认为自己已经知道了什么

教师要求学生们写下各自对即将学习的新主题已经有哪些了解。每位学生写完后，教师要求他们结对讨论已有的知识和想法。每对学生列出他们最有独到见解或最重要的知识和想法，在适当情况下可以举例。最后，每对学生分享自己的列表，由教师列出全班对新主题的已有知识。

明显联系

教师通过简单地解释关联，帮助学生们将以前课上学习的内容和即将讲授的新内容以明显的方式联系起来。例如，教师可以说："当你们阅读本章中关于渗透的部分时，请记住，这与我们上次实验中所发生的事情相似。水渗入土壤时，土壤起到了过滤作用。"

预习问题

教师就即将讲授的新内容提问，激发学生们的好奇心并激活他们的已有知识。尽管学生们可能不知道问题的答案，因为他们还没有学过新内容，但这些问题可以提示他们在教师讲授新内容时应该注意听哪些信息。

教师简要总结

教师为学生们提供一份关于新主题的口头或书面总结。这可以帮助学生们了解重要观点和概念，并在教师讲授更详细的信息时对照这些观点。

略读

教师指导学生们浏览主要章节的标题和副标题，并要求他们分析标题进而找出文章的主要观点和重要概念，以此帮助学生们略读新主题的书面信息。教师也可以让学生们先略读一个段落，之后尝试对段落内容进行总结，写下他们认为自己对新内容了解多少，并预测在教师讲授新内容时将学到什么。

教师笔记

在开始讲授新知识之前，教师给学生们发一份内容大纲。教师应允许学生们在讲授新信息和回顾大纲之后提问。这可以帮助学生们消除先前对新内容的困惑或误解。

"已知—想知—习得"策略

教师在讲授新内容之前采用"已知—想知—习得"策略。首先，学生们说出他们对该主题的已有了解，教师将这些信息记录在图表的"已知"栏中。然后，学生们列出关于该主题他们想要知道什么，教师将这些信息记录在图表的"想知"栏中。授课结束后，学生们列出他们所学到的知识，记录在"习得"栏中。这时，教师和学生们重新讨论"已知"栏中的内容，尝试找出最初对该内容的误解。

先导组织图

教师创建视觉图（通常称为组织图）用以显示新内容的结构和组织，并说明新内容与以前所学信息的联系。学生们可以使用这个组织图在教师讲授新内容之前提问，列出他们对于新内容已经有哪些了解，并将新内容与个人兴趣联系起来。

预先指导

讲解新内容之前，教师让学生们就一系列与新内容有关的陈述进行作答。学生们回答完毕后，教师引导全班同学讨论答案。这可以激活学生们对相关主题的已有知识，帮助他们思考与新内容有关的问题和观点。

词汇联想分类活动

教师利用这一策略帮助学生们预习与新内容有关的词汇和概念。教师准备一些与新内容相关的单词和短语，并展示给学生们。学生们尝试将这些词汇按照理解分类。然后，教师让学生们分享他们的分类和分类策略，并引导全班同学讨论这些术语与概念之间的联系，及其与学生们已有知识和个人兴趣的联系。

预评估

教师在讲授新内容之前对学生们进行预评估。这一策略可以使学生们接触到新内容中的最关键信息。教师可以利用预评估的结果了解哪些学生对即将学习的新内容已经有很多了解，哪些学生没有。

· · 技术环节 · ·

- 使用学习者应答系统或投票网站对学生进行预评估。在课堂上匿名展示结果，这样学生们就可以了解到自己已知什么和需要复习什么。保存并将结果与单元中和单元末的评估数据进行比较。
- 使用在线问卷或调查快速收集学生的课堂兴趣或对某个主题的态度。
- 要求学生们浏览与新课题相关的网站。可以指定具体的网站或让学生们自己探索，查找他们认为有趣的、令人困惑的或新奇的信息，并在课堂上分享他们的发现。
- 使用短信或班级网站、博客或维基网站发布与新内容相关的预习问题或故事。某些网站允许用户将短信发送到指定手机联系人列表上。这些网站还能收集学生们的手机回复，便于开展课堂预习活动。

要素9：如何把内容划分成易于消化的小节？

· · 策 略 · ·

分段讲授新内容

教师把内容划分成小的、易于消化的片段。如果新内容是陈述性知识，这些片段应当由具有相同逻辑的概念和细节组成。如果新内容是程序性知识，这些片段应当由过程中的各个步骤组成。

使用预评估数据决定每个片段的长短

如果学生们在某个领域的预评估中得分较高，教师可以将该部分信息作为较大的片段进行讲解。当学生们在预评估中出现错误认知或只具备极少已有知识时，教师可以使用较小的片段。

片段处理

教师让学生们合作处理信息片段。学生们三人一组，自行决定谁是成员A、成员B和成员C。教师讲解第一段信息，成员A负责总结，成员B和C负责做补充，每一组都记下他们仍然感到疑惑的片段要点。教师通过回答全班的问题来解除大家的疑惑，之后让各组预测下一部分内容。教师继续讲解下一部分内容，小组重复以上过程，但这次由成员B总结，成员A和C补充。教师讲完第三段信息后，小组再次重复以上过程，并由成员C总结，成员A和B补充。

· · 技术环节 · ·

- 通过在小节之间插入幻灯片对演示文稿进行适当的切分，提示学生们停下来总结刚刚学到的内容。
- 使用学习者应答系统或投票网站监控学生的理解水平。根据数据结果确定学生们是否已经为学习下一个片段做好准备。

要素10：如何帮助学生们处理新信息？

· · 策 略 · ·

观点分析

教师要求学生们使用观点分析法思考新知识的多个视角。该策略包括五个步骤，每个步骤有一个对应的问题：

1. **确定你在争议性主题上的立场**——对此我应该相信什么？
2. **确定你立场背后的原因**——我为什么相信呢？
3. **找出相反立场**——看待该问题的另一种方式是什么？
4. **描述相反立场背后的原因**——为什么其他人会持有不同的看法？
5. **完成后，总结你学到了什么**——我学到了什么？

思考帽

教师要求学生们通过想象自己戴着六种不同颜色的思考帽处理新的信息。学生们根据自己所戴的帽子，以略有不同的方式看待新知识，具体做法如下：

- **白帽子**（中立和客观思维）——戴白帽子时，学生们阅读与新信息相关的事实和数字，无须得出结论或解释。
- **红帽子**（感性思维）——戴红帽子时，学生们表达对新信息的感受，但仍然应当避免对主题或自己的感受做出评判。
- **黑帽子**（谨慎思维）——戴黑帽子时，学生们寻找新信息带来的缺点或风险。
- **黄帽子**（乐观思维）——戴黄帽子时，学生们寻找新信息积极且有价值的一面。
- **绿帽子**（创新思维）——戴绿帽子时，学生们利用新知识提出新想法，或利用新信息创造新的解决方案。

- **蓝帽子**（组织思维）——戴蓝帽子时，学生们反思思考过程，并决定希望采取什么视角与新信息互动（换言之，他们想戴什么颜色的帽子）。

协同处理

教师要求学生们以小组为单位总结刚刚讲解的信息，并提出澄清性问题，或者对即将出现的新信息做出预测。小组互动结束后，教师可以引导全班同学讨论他们的总结、问题和预测。

拼图式合作学习法

确定课程内容的几个具体重点（例如，第一次世界大战爆发的五个重要原因）后，教师要求学生们组成人数相同的小组（“请大家五人一组”）。分组完成后，教师给每位学生分配一个“专家”主题。上例中，每位学生都将被安排学习一个第一次世界大战的起因。

每位学生都分到一个“专家”主题后，原有小组解散，拥有同一“专家”主题的学生结成新组开展研究，分享他们的发现，互相提问，向教师提问，并讨论他们的想法。上例中，所有学习原因1的学生结组讨论，所有学习原因2的学生结组讨论，以此类推。

每位学生成为自己主题的专家后，重新回到原来的小组，向小组中的其他成员讲解自己的专业知识。其他组员可以在学习新信息时向“专家”或教师提问。

交互教学

每组指定一名学生担任讨论组长，使用本策略与新信息进行互动。教师展示新的信息片段之前，小组成员先对内容进行预测。教师展示内容片段后，讨论组长向小组就新信息提问，小组成员对每个问题展开讨论。讨论结束后，由小组中的一名学生（不是讨论组长）总结刚才的内容，然后小组成员继续对接下来教师要展示的内容片段进行预测，进入下一个循环。小组成员应轮流担任讨论组长，这样每位学生都有机会提出与课程内容相关的问题，并练习协助小组讨论。

概念获得

教师要求学生们辨别、比较和对比一个概念的正例和反例。正例能够清楚地展示该概念的属性，而反例应当明显不具有该概念的属性。教师还可以向学生们展示一组描述，并指明每条描述是某个“神秘概念”的正例/反例。学生们通过研究给出的正例或反例猜测这个神秘概念。

· · 技术环节 · ·

- 使用在线资源和交互式白板工具（如数学工具、绘图工具或标记工具）帮助学生们以交互的方式处理信息。
- 以短信形式将有关新主题的处理问题发给学生们。某些网站允许用户将短信发送到指定的手机联系人列表上。这些网站还可以收集学生们的手机回复，以便用于课堂信息处理活动。
- 将问题展示在交互式白板或投影屏幕上，供全班同学查看。分组讨论结束后，让学生们在白板上写下自己的想法，或在共享网站上输入自己的观点，或制作简短的音频或视频发布在班级网站、博客或维基网站上。
- 录制新内容的初步介绍并将其发布在网上，要求学生们在上课前收听或观看（例如作为家庭作业），并利用课堂时间处理新信息。
- 与学区和学校合作，为每年都要讲授的主题创建处理资源的电子集合。这些集合可以包括具体的信息处理类活动或信息处理类问题，供学生们讨论。

要素11：如何帮助学生们详细阐述新信息？

· · 策 略 · ·

一般推理问题

教师使用两种一般推理问题：(1)默认问题；(2)逻辑推理问题。默认问题要求学生们运用背景知识回答问题。简言之，学生们“默认”用他们的背景知识来回答问题。逻辑推理问题要求学生们对关键信息导入环节中所示的信息进行推理，并得出结论或做出预测。教师提供明确的信息，学生们以此信息为前提推导出结论。

详细询问

学生们回答完某个问题后，教师通过提出以下思考题对答案做进一步探究：

- 你是怎么知道的？或者为什么你相信那是真的？
- 你期望________有哪些典型的特征或行为？
- 如果________，你预期将发生什么？

第一个问题可以为学生们提供支持他们结论的证据；第二个问题帮助学生们对人物、地点、事物或事件的类别进行概括；第三个问题帮助学生们使用“如果/那么”句式对文章内容进行概括(例如，如果你改变________，那么将会发生________)。

· · 技术环节 · ·

- 把阐述题用短信发到学生们的手机上。某些网站允许用户将短信发送到指定的手机联系人列表。这些网站还可以收集学生们的手机回复，以便用于课堂讨论。
- 要求学生们使用维基网站和其他协作网站共同阐述教师提出的问题。

要素12：如何帮助学生们记录并表述知识?

··策 略··

非正式大纲

学生们使用缩进法表示观点的相对重要性。他们在纸的左侧列出大的概念，并在大的概念下面采用缩进格式列出相关的详细说明。后文示例是一个关于不同记忆类型的非正式大纲（见图C.3）。

工作记忆

- 我们当前正在关注的事
- 之后可能记得住，也可能记不住
- 一次只能处理少量信息

短期记忆

- 用于储存近期事件和较新信息的位置
- 储存空间大于工作记忆
- 并不是短期记忆中的所有内容都可以永久保留

长期储存

- 记忆的最大组成部分
- 储存我们所有童年记忆的位置
- 长期记忆中的信息一直都能被记住

图C.3 非正式大纲

笔记、图片和总结之组合表

学生们在图表左栏记录有关授课内容的书面笔记，在右栏记录图形标记或绘制内容相关的图画，并在图表下半部分记录内容总结（见图C.4）。

笔记	图片
总结：	

图C.4 笔记、图片和总结之组合表

组织图

学生们根据信息常见的组织模式，使用相应的非语言组织图记录知识。

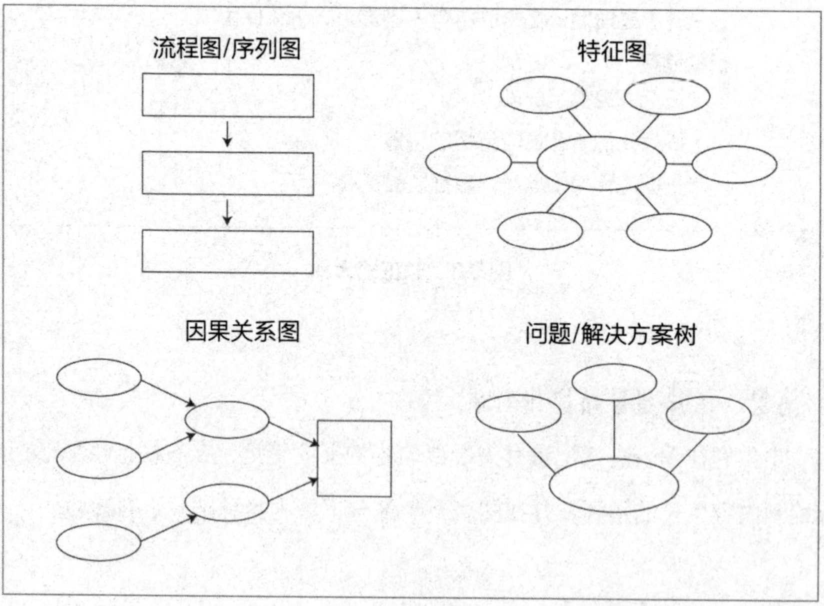

图C.5 组织图

这些非语言表述可以与其他笔记策略（如笔记、图片和总结之组合表）结合使用。图C.5所示是几种常见的组织图。

自由排列网状图

学生们把大的概念放在中间的圆圈里，然后用线把大的概念和记有与之相关的重要信息的小圆圈连接起来。下例展示了关于污染主题的自由排列网状图（参见图C.6）。

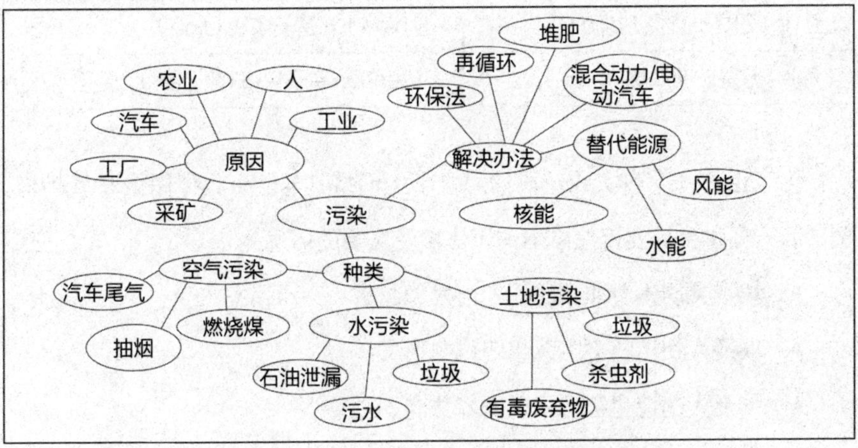

图C.6 以污染为主题的自由排列网状图

学术笔记本

学生们整理自己的笔记，作为思考过程的永久记录，并在回顾以前的记录时纠正自己的想法。学生们应该标注好笔记日期，并记录下反应、问题、回答和对进步的评估。还可以记录他们的结论和见解。

戏剧表演

学生们进行角色扮演，或将场景、过程或事件表演出来。还可以使用身体为概念创建符号，例如半径、直径和周长等。

押韵记忆法

学生们使用该策略记住一系列事实或信息。该方法使用一组与数字1到10押韵的具体图像，如下所示：

（one）一是一个面包（bun）。	（six）六是一堆棍（sticks）。
（two）二是一只鞋（shoe）。	（seven）七是天堂（heaven）。
（three）三是一棵树（tree）。	（eight）八是一扇门（gate）。
（four）四是一扇门（door）。	（nine）九是一条线（line）。
（five）五是一个蜂巢（hive）。	（ten）十是一只母鸡（hen）。

为了记住一个事实或一段信息，学生们将其与一个具体图像联系起来。例如，一名学生想要记住以下关于古埃及文明的信息：

- 埃及文明沿着非洲的尼罗河发展起来。
- 埃及人使用的文字系统叫作象形文字。
- 埃及人建造金字塔用以安葬法老。

为了记住这些信息，学生可能会把它们和数字1的图像联系起来。他/她可能会想象一个热狗面包，尼罗河流过它的中心，旁边写着象形文字，上面有一座金字塔。与事实列表相比，图像更容易记住。

联想策略

使用该策略时，学生们通过为重要概念创建符号或替代词记住事实或信息，然后将这些符号或替代词以叙事的方式联系在一起。符号是一种图像，用来提醒重要信息，例如用彩虹表示弧的概念。替代词是一个词，不但易于描绘，而且与想要记住的信息同音，例如通过单词方舟（ark）（大船）来记住圆弧（arc）的概念。

· · 技术环节 · ·

- 使用演示软件（例如PowerPoint或交互式白板软件）自带的图像、组织图和模板向学生们展示概念，并指导他们做笔记。
- 为了支持各种学习风格，可以提供一些使用不同视觉图像格式展示内容的网站。
- 为学生们提供一些技术工具，让他们记录和描述对新知识的理解。

要素13：如何帮助学生们反思自己的学习？

· · 策 略 · ·

反思日志

学生们将学术笔记本的一部分用于回答以下反思问题：

- 你对今天的课程做出的预测有哪些是正确的？哪些是不正确的？
- 今天的课程有哪些信息很容易理解？哪些难以理解？
- 你对我们正在学习的主要概念了解多少？
- 你今天在哪方面做得较好？
- 你今天还有哪些有待改进的地方？

思考日志

学生们思考课上强调的具体认知技能（例如分类、做推论、决策制定、创造性思维和自律），并回答以下问题：

- 你会如何向朋友解释“分类”这一概念？
- 描述一下你今天得出的一个推论。
- 决策过程的哪些环节是你最喜欢的？哪些是你最不喜欢的？
- 在自己的学习中，你的自律计划包含哪些组成部分？

课堂末尾小测试

下课时，学生们在离开教室前回答具体的反思问题，例如：

- 你认为今天课程的主要概念是什么？
- 你认为自己最确定和最不确定的内容分别是什么？
- 你对今天的课程有什么疑问吗？
- 在今天的课堂作业中，你在哪些方面表现优秀？

知识对比

学生们将自己在主题方面的当前知识水平，或使用程序的能力水平，与先前的知识或能力水平进行比较。学生们可以使用图表或流程图来展示知识的增加。

两栏笔记

下课时，学生们使用两栏笔记作为一种延伸反思活动。在左栏中，他们记录自己在课程中发现的有趣事实或其他信息。在右栏中，记录自己的反应、问题，以及与左栏中的事实和信息相关的延伸概念。

· · 技术环节 · ·

- 使用班级网站、博客或维基网站收集和发布课堂上产生的想法。
- 使用在线调查工具收集学生们的课后反思。
- 鼓励学生们通过网站发布反思。某些网站允许学生们发布图片来说明所学内容。

预设问题：如何帮助学生们练习并加深对新知识的理解？

要素14：如何回顾课程内容？

· · 策 略 · ·

完形填空练习

教师将之前所学的信息以填空的形式展示给学生们，并要求他们填写缺失的部分。

总结

教师准备一份总结，并要求学生们复习该总结，或快速总结之前所学的内容。这些总结可以很简短，接下来组织学生们讨论他们各自都记住了哪些内容，或者他们认为哪些是重要内容。

解决问题

教师交给学生们一个问题，要求他们使用之前所学的信息来解决该问题。

展示

教师要求学生们利用之前学到的信息展示一种技能或程序。

小测验或练习

教师要求学生们完成促使他们记住并应用之前所学知识的练习。

提问

教师提出要求学生们回忆、辨别或应用之前所学知识的问题。也可以要求他们根据之前所学的知识做出推论或决定。

· · 技术环节 · ·

- 在班级网站上发布演示文稿中的关键幻灯片，或在课堂上展示这些幻灯片，指导学生们复习。
- 让学生们录制音频或视频表达自己对新内容的想法，并发布到班级网站、博客或维基网站上，以便他们在复习课程内容时观看或收听。

- 通过短信发送或在班级网站上发布学生们需要复习的问题。某些网站允许用户将短信发送到指定的手机联系人列表。这些网站还可以收集学生们的手机回复，以便用于课堂复习。

要素 15：如何组织学生们练习和深入理解知识？

· · 策 略 · ·

观点分析

教师要求学生们使用观点分析法思考新知识的多个视角。该策略包括五个步骤，每个步骤有一个对应的问题：

1. **确定你在争议性主题上的立场**——对此我应该相信什么？
2. **确定你立场背后的原因**——我为什么相信呢？
3. **找出相反立场**——看待这个问题的另一种方式是什么？
4. **描述相反立场背后的原因**——为什么其他人会持有不同的看法？
5. **完成后，总结你学到了什么**——我学到了什么？

思考帽

教师要求学生们通过想象自己戴着六种不同颜色的思考帽处理新的信息。学生们根据自己所戴的帽子，以略有不同的方式看待新知识，具体做法如下：

- **白帽子**（中立和客观思维）——戴白帽子时，学生们阅读与新信息相关的事实和数字，无须得出结论或解释。
- **红帽子**（感性思维）——戴红帽子时，学生们表达他们对新信息的感受，但仍然应当避免就主题或自己的感受做出评判。
- **黑帽子**（谨慎思维）——戴黑帽子时，学生们寻找新信息带来的缺点或风险。

- **黄帽子**（乐观思维）——戴黄帽子时，学生们寻找新信息积极且有价值的一面。
- **绿帽子**（创新思维）——戴绿帽子时，学生们利用新知识提出新想法，或利用新信息创造新的解决方案。
- **蓝帽子**（组织思维）——戴蓝帽子时，学生们反思自己的思考过程，并决定希望采取什么视角与新信息互动（换言之，他们想戴什么颜色的帽子）。

合作学习

学生们首先独立完成实践活动或回答问题，然后分成小组，与同伴核对答案。通过这种方式，学生们可以再次描述他们如何处理问题，并了解其他同学使用的别样方法。

合作比较

学生们分组讨论并回答以下比较问题：

- 与我们刚开始学习该策略或程序时的表现相比，我们当前的表现如何？
- 我们如何对不同的方法进行归类，以此提高运用策略或程序的能力？
- 若要指导他人学习该策略或程序，哪些隐喻或类比方法会对他们有帮助？

结对—检查

学生们四人一组，组内两人结成一对（每组含两对），并指定谁是A组谁是B组。使用一套练习题、解答题或问题，A组先做第一题，同时B组在必要时提供辅导并在任务完成时表扬A组。做第二题时，两组互换角色。然后，A组和B组一起检查答案。目标是让四名小组成员就每个解决方案达成共识。如果解决方案不一致，小组内展开讨论并相互辅导，直到得出一个共同的解决方案。重复这一过程，每两题形成一次共识。

思考—结对—分享和思考—结对—共识

学生们两两结对，然后教师提出一个问题。学生们在规定时间内单独思考这一问题。思考结束后，每位学生与同伴分享自己的理解、观点和可能的解决方案。接着每对学生一起对他们的方案展开讨论并达成共识。然后，教师请两组学生与全班同学分享他们的决定。在该策略的其他形式（思考—结对—共识）中，两对学生交换意见（四人一组），并在小组内达成共识，然后与全班分享。

学生锦标赛

教师将学生们分组，并在各种教学游戏中组织竞赛。教师可以在整个单元过程中记录每个小组的分数，并为第一名或前两名的小组提供有形奖励或表彰。每个单元结束后，应当重新分组，以确保学生们有机会与不同的同学合作。

错误分析和同伴反馈

学生们两人一组，其中一人观察另一人完成程序或执行任务，使用教师提供的评估标准评价对方的表现，并就对方的成功、错误或失误提出自己的反馈。

会演和同学互评

学习程序性知识时，教师要求学生们完成单元总结会演。可以在最后环节安排同学互评活动，其他学生可以提出表扬、疑问和改进建议。

内外圈

学生们站成两个同心圆，每个圆上的学生人数相等。内圈的学生面朝外站立，外圈的学生面朝里站立（内外圈上的人面对面）。教师提出问题，学生们与对面的人一起讨论想法、答案和解决方案。然后在教师的示意下，里圈的每位学生都向左走一步，这样每个人都会再面对一位新同伴。学生们与新同伴再次比较答案和解决方案，然后教师要求每位学生向小组分享自己的答案或解决方案。教师也可以要求学生们分享他们与同伴的讨论内容，以及讨论因何改变（或未改变）他们的想法。

· · 技术环节 · ·

- 向学生们介绍一些有助于合作的网站。有些网站旨在协助在线交谈，而有些则允许学生们收集信息并共同完成论文和演示文稿。
- 让学生们制作视频或音频，记录他们是怎样一起练习或深化知识的。将这些记录存档，以便后续为如何开展合作学习提供课堂思路。

要素16：如何布置家庭作业？

· · 策 略 · ·

在家庭作业中布置预习任务

教师要求学生们通过阅读一段文字或观看多媒体资料，预习即将在课堂上学习的概念和观点。教师可以要求学生们在阅读或复习内容时，列出他们的问题、观察或联系。在课堂上，教师可以让学生们分享自己的清单，并讨论彼此的想法。

使用家庭作业深化知识

教师要求学生们完成作业，帮助他们对某些内容进行比较、对比或分类。也可以让他们创造与某些内容相关的类比或隐喻。如果使用本策略布置家庭作业，教师应确保每位学生对作业中的概念有全面的理解。

通过家庭作业练习程序或技能

对于在课堂上能够独立完成某一程序或技能的学生，教师可以要求他们继续独立练习该程序或技能，以提高流利度、速度及准确性。

家长辅助作业

为辅助学生们完成家庭作业，父母或其他家庭成员提出反思性问题，或者聆听学生们对阅读材料的口头总结。为帮助学生们提高技能或程序的流利度，若他们尝试以更快的速度完成技能或程序，家长也可以为他们计时。辅导家庭作业时，父母应该作为协助者，而不是教师，他们应该清楚自己的角色和需要做的事情。

· · 技术环节 · ·

- 在班级网站、博客或维基网站上发布课堂上使用的学习资料（演示文稿、录像或录音），方便学生们在做作业时查看。
- 向学生们推荐一些与课程内容相关的网站，他们可以使用这些网站学习。鼓励并指导学生们自己探索和发现新的相关网站。
- 邀请学生们把做家庭作业时产生的问题和想法发布在班级网站、博客或维基网站上。
- 为学生们创造在写作业时在线讨论家庭作业的机会。
- 在适合的时候鼓励学生们用手机拍摄示例内容或有助于他们分析并解决问题的图片。

要素17：如何帮助学生们分析共性和差异？

· · 策 略 · ·

句子填空比较法

学生们通过句子填空比较和对比不同的人物、地点、事件、概念或程序。这些比较可以是总体之间的，也可以是个体之间的，如下：

总体——家猫和狮子的相似之处在于________。家猫和狮子的不同之处在于________。

个体——夏洛克·福尔摩斯和甘道夫都是喜欢解开谜团的角色，但他们的不同之处在于________。

维恩图

学生们使用此类视觉工具比较两个或三个人物、地点、事件、概念或程序。学生们在圆的相交区域写下相似特征，在不相交区域写下独有特征。维恩图可以用于个体、总体、抽象或具体的比较。

双气泡图

学生们使用此类示意图比较两个人物、地点、事件、概念或程序的属性。在左右两侧的大圆中写出需要比较的两个事物。在页面中心连接两个大圆的小圆中写下相应事件的共有属性。在页面边缘与大圆相连的小圆中写下事物的独特属性。

比较矩阵

学生们确定他们想要比较的要素，并将其写在表格中每列的顶部。接下来，使用如下所示的矩阵确定想要比较的属性，并将它们写在每一行的行首。然后，在每个单元格中记录要素之间的共性（可能有多个单元格中的内容相同）和差异（每个单元格中的内容均不相同）。最后，学生们通过比较这些要素总结学到的知识（见表C.5）。

表C.5 比较矩阵

	要素1	要素2	要素3
属性1	共性： 差异：	共性： 差异：	共性： 差异：
属性2	共性： 差异：	共性： 差异：	共性： 差异：
属性3	共性： 差异：	共性： 差异：	共性： 差异：
总结：			

分类图

教师创建图表并在顶部列出几个类别，要求学生们填写每个类别的例子。学生们可以定期结对或结组与同伴分享图表，讨论和解释为什么会这样分类，并在听取他人的观点后修改自己的图表。

学生创造的分类模式

教师要求学生们找到不同概念的代表性例子，并根据在课堂上学到的信息进行分类。然后，学生们向全班展示结论，并解释为什么选择这样的例子，以及为什么这样分类。

明喻

学生们使用“像”或“如同”表达比喻。他们可以加上一个事物像另一个事物的原因，可以在与同伴讨论后修改自己的明喻。

隐喻

学生们用隐喻表达比较。在隐喻中，比较是作为直接关系来阐述的——一个事物是另一个事物。例如，生活是一段旅程。隐喻有时是抽象的，也可以进行拓展，包含多个比较。学生们应该解释隐喻的恰当之处。

句子主干类比

学生们使用句干进行比较，描述两个项目或概念之间的具体关系。类比总是采用这样的句式："第1项对第2项就像第3项对第4项一样。"例如，当看到这一句干"四分卫对________就像投球手对________一样"时，学生们可能会创造出如下类比：

四分卫对接球手就像投手对捕手一样，因为四分卫把球踢给接球手，投手把球投给捕手。

学生们可以进一步拓展该类比，分析足球和棒球之间的关系：

拦截对足球就像击球对棒球一样，因为在这两种情况下，球的行进路径都是在达到目标位置之前被改变了。

教师还可以向学生们提供类比的前两个词，并要求他们填写后两个词，例如："教练对运动员来说就像________对________一样。"

视觉类比

学生们使用视觉组织图帮助自己做类比。图C.7帮助学生们创建了一个类比，并说明了该类比所表达的关系类型。

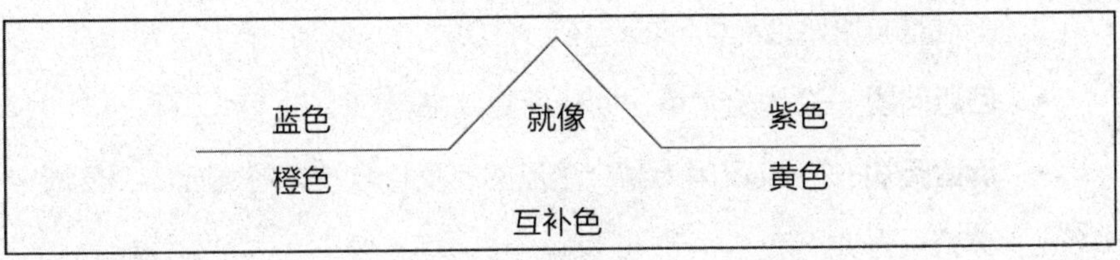

图C.7　视觉类比

· · 技术环节 · ·

- 与学区和学校合作，创建比较资源和组织图的电子数据集。通过使用一套常见的资源、组织图和活动进行比较和分类，教师可以把注意力放在内容上，而不是教授新的比较系统或流程。

- 让学生们用手机或相机拍摄与所学概念相关的正例和反例的照片。然后将照片发布到班级网站上，教师可以将这些图片用于课堂讨论。

要素 18：如何帮助学生们识别推理中的谬误？

· · 策 略 · ·

识别逻辑错误型谬误

学生们寻找并分析逻辑错误型谬误，包括自相矛盾、例外、虚假原因、内定结论谬误、回避问题、诉诸无知、合成和分解。马扎诺和布朗用以下方式定义了这些谬误：

- **自相矛盾**——所含信息自相矛盾。
- **例外**——未能认识到论点的依据是规则的例外情况。
- **虚假原因**——错误地将事件的先后（时间）顺序视为因果关系，或过度简化某件事背后的原因。
- **内定结论谬误**——提出论点，然后进行辩论，但在辩论时使用的只不过是与原始论点同等的陈述。
- **回避问题**——为避免解决问题而更改主题。
- **诉诸无知**——仅仅因为某个论点的相反论点没有得到证实，便断定该论点为真。
- **合成**——仅仅因为组成部分具备某个属性，便断定整体也具有这一属性。
- **分解**——由于整体普遍（但并非总是）具备某一属性，便断定所有的组成部分也具备这一属性。

识别攻击谬误

学生们寻找并分析攻击谬误，包括井里投毒、人身攻击、诉诸暴力。马扎诺和布朗用以下方式定义了这些谬误：

- **井里投毒**——对一切反对自己立场的观点，不予正面回答，而是敷衍搪塞，以此捍卫自己的立场。
- **人身攻击**——通过利用对方的贬低性事实（真实或声称的），来反驳对方论点。
- **诉诸暴力**——使用威胁来证明论点的合理性。

识别弱引用谬误

学生们寻找并分析弱引用谬误，包括使用带有偏见的信息来源、使用缺乏可信度的信息来源、诉诸权威、诉诸公众和诉诸情感。马扎诺和布朗用以下方式定义了这些谬误：

- **带有偏见的信息来源**——习惯性地接受信以为真的信息，或者习惯性拒绝与自己认知相反的信息。
- **缺乏可信度的信息来源**——使用不可信的信息来源来论证命题。
- **诉诸权威**——引用权威为论题定论。
- **诉诸公众**——试图根据论题的受欢迎程度为其辩护。
- **诉诸情感**——用一个"悲伤的故事"作为论题的证据。

识别虚假信息谬误

学生们寻找并分析虚假信息谬误，包括混淆事实和错误使用概念或总结。马扎诺和布朗用以下方式定义了这些谬误：

- **混淆事实**——使用看似真实但已被改变、不再准确的信息。
- **错误使用概念或总结**——错误理解或错误使用某个概念或总结来支持某一论点。

练习识别逻辑谬误

教师使用练习题帮助学生们识别逻辑谬误。教师可以自创练习题，也可以使用《21世纪技能的教学与评估》中的练习题。

找出媒体中的谬误

教师为学生们提供政治辩论、电视采访、广告、宣传、报纸文章、博客和其他信息来源的片段，要求他们找出并分析信息背后的推理谬误。

检查论点的支撑性材料

学生们通过分析支持论点的依据、引用和限定检查其对论点的支持，如下：

- **依据**——论点的初始证据。学生们应分析论点，看看他们能否提供依据来证明这一点：为什么这个论点是正确的？依据可以是常识、专家意见、实验证据或事实性信息。
- **引用**——帮助证明依据有效性的额外信息。
- **限定**——论点的例外情况。一个论点所需的限定数量可以帮助决定论点的确定性。

统计学限制

学生们寻找并分析使用统计数据支持论点时的常见谬误。学生们需要注意五种主要统计学限制类型：（1）回归均值；（2）关联性；（3）基础概率；（4）外推极限；（5）概率事件的累积性。马扎诺和布朗用以下方式定义了这些限制类型：

1. **回归均值**——注意一个量度上的极值后面往往会跟随一个接近均值的中等分数。
2. **关联性谬误**——注意两个或多个独立事件同时发生的概率要小于它们单独发生的概率。

3. **注意基础概率**——使用一类事件中的一般或典型概率分布作为基础，预测在某种情况下将发生什么。
4. **理解外推极限**——注意，只要预测没有超出趋势观察的数据，使用趋势进行预测（外推）就是一种有用的做法。
5. **调整风险评估，以解释概率事件的累积性质**——即使风险事件发生的概率非常小，事件发生的概率也会随着时间和事件数量的增加而增加。

· · 技术环节 · ·

- 与学区和学校合作，创建电子资源合集，帮助学生们发现推理中的谬误（例如，带定义和示例的推理谬误列表）。在不同班级使用通用的术语，这样可以帮助学生们更容易地识别和标记谬误。
- 使用来自新闻媒体的音频和视频剪辑，作为推理谬误的示例。让学生们找出并标记谬误，然后自己重新录制消除谬误后的版本。

要素19：如何帮助学生们练习技能、策略和程序?

· · 策 略 · ·

密切监控

学生们学习一项新技能时，教师要提供一个高度结构化的环境，密切监督学生们的行动，以纠正早期的错误或误解。当他们对技能、策略或程序越来越熟练时，教师可以鼓励他们监控自己的进步并评估自己的表现。

频繁的结构化练习

学生们学习一项新技能或程序时，教师首先要提供清晰的技能或程序演示。演示后，学生们应当有频繁的机会练习技能或程序中的细分步骤，并在有较高成功率的情况下练习整个过程。学生们应当在经历多次成功后再结束此类练习。

变化练习

学生们完成结构化练习后，即可开始在更加充满挑战的情况下练习技能或程序。他们应继续成功完成各项要求，但要比之前的结构化练习更努力一些。在此类练习中，教师应当多鼓励学生们监督自己的进步，并找出自己的优缺点。

流利度练习

一旦学生们能自如地使用技能或执行程序，并在各种情况下都能成功完成，他们便可以进行独立练习。独立练习时，他们应当专注于熟练、准确、快速、自动地执行该技能或过程。教师可在家庭作业中布置此类练习。学生们在自我监控表中做记录，追踪自己在一段时间内的进步和改进。

范例

学生们练习技能和程序时，教师向他们提供已经解答过的问题或范例，以便他们清楚了解正确的程序。

测试前的练习环节

教师制定一个练习时间表，确保每位学生在测试或重新测试之前都有机会回顾和练习技能及程序。

· · 技术环节 · ·

- 在互联网上搜索不同难度水平的问题实例或场景，将其应用于学生练习。
- 为学生们提供包含重要步骤和信息的录音和录像，供他们在练习技能或策略时使用。

- 练习一项技能或策略时，邀请学生们在班级网站、博客或维基网站上发布问题。其他学生或教师可以提供帮助，或者更详细地解释程序中的某个步骤。教师也可以利用这些问题发现应当与全班学生一起解决的问题或错误模式。

要素20：如何帮助学生们修正对知识的理解？

··策 略··

学术笔记本记录

导入关键信息后，小组讨论或处理信息结束后，或者复习并修改家庭作业后，教师要求学生们在学术笔记本中记录新的内容。在某一单元和相关单元的学习过程中，学生们重新查阅笔记本，以纠正不准确或不完整的信息。

学术笔记本复习

学生们使用学术笔记本确定他们应该学习的重要词汇、重要观点和概念、概括及理解，为考试或测验做准备。学生们还可以使用学术笔记本提出问题。

同伴反馈

学生们交换学术笔记本，并以书面形式回应对方的笔记。学生们可以回答以下问题：

- 该生使用了哪些显明、简洁且适合的方法（例如，用组织图、流程图、总结、图画或图形标记）描述所记录的信息？
- 该生的学术笔记本中有哪些信息是我没有记录的？
- 我认为其中记录的最重要的信息是什么？
- 使用学术笔记本记录知识时，该生在哪方面需要改进？

作业修改

教师在学生们的作业上写评语，但只在成绩单上记录分数（而不是在作业上）。当发回作业时，教师可以给学生们提供机会，让他们根据反馈来修改作业并重新提交，以获得更高的分数。如果学生们选择不重新提交作业，他们只需接受初始分数即可，但是如果学生们重新提交了修改后的作业，那么应该记录他们修改后的作业分数。

· · 技术环节 · ·

- 使用电子版学术笔记本，确保学生们不会弄丢笔记本、忘记带到课堂上，或把笔记本落在家里。这也更便于学生们进行以下操作：编辑；修改；请求或提供反馈；添加信息、媒介或图形；分享想法。确保学生们留意笔记本上的内容（避免从互联网或其他来源过度复制和粘贴）。
- 使用交互式白板或类似软件对初始想法进行集体修改。

预设问题：如何帮助学生们就新知识提出假设并进行检验？

要素21：如何组织学生们完成综合认知任务？

· · 策 略 · ·

学生设计的任务

学生们设计自己的综合认知任务，以实现班级或个人学习目标。首先，学生们要回答这一问题：你们对这些内容或信息的最初疑问和预测是什么？接下来，学生们回答以下引导性问题，以确定最适合解答他们疑问或预测的任务类型。

对于我的疑问和预测，是否有一个重要的……

- 假设是我想检验的？
- 问题是我想研究的？
- 决策是我想制定的？
- 概念是我想探究的？
- 事件是我想了解的？
- 假设或未来事件是我想探究的？

第一个问题适用于实验探究型任务，第二个适用于解决问题型任务，第三个表示学生们应当完成一个决策制定型任务，最后三个适用于这三类调查型任务：定义性调查、历史性调查和预测性调查。

合作学习

综合认知任务中，教师可以用以下指南管理合作学习策略的使用：

- 教师应当为小组和个人的责任设计好结构。
- 教师应当在学生交际和小组合作技能方面提供持续的指导（例如，积极倾听，解决冲突，抑制冲动，总结和转述，以及时间管理）。
- 教师应当明确说明所有小组成员的角色和职责。角色应轮流担任，这样每位学生都有机会担任不同的角色（如协调人、总结者、提问者等）。
- 教师应当使用各种分组标准、分组结构（如正式和非正式小组、临时小组、长期小组和其他）和分组规模（例如，全班教学、小组作业、单独教学和独立学习），并应当确保这样的分组练习在更大的课堂活动方案和教学环节中具备一定意义。

学术笔记本上的图表、图形和表格

学生们使用学术笔记本上的条形图或线形图记录自己在课堂上或个人目标上的学习进展。

思考日志

完成综合认知任务时，学生们可以使用思考日志反思正在学习的某些认知技能（例如，分类、推理、决策、创造性思维和自律）。学生们回答下列问题：

- 你会如何向朋友解释“分类”这一概念？
- 描述一下你今天得出的一个推论。
- 决策过程的哪些环节是你最喜欢的？哪些是你最不喜欢的？
- 在自己的学习中，你的自律计划包含哪些组成部分？

日记

完成综合认知任务时，学生们撰写任务专项日记（或在学术笔记本中指定一个区域），来记录学习中的反思。他们可以回答如下问题：

- 你的综合认知任务目标是什么？
- 你的综合认知任务在多大程度上促进了单元学习目标的实现？
- 今天的综合认知任务给你提出了什么问题？
- 在完成今天的综合认知任务时，你遇到了什么问题？

同伴反馈小组

学生们与同伴一起合作，在复杂性任务中提供反馈并接受同伴的反馈。为确保同等参与和规范反馈，教师为学生们分配好角色，并使用评分量表或检查表，以确保每位成员使用相似的反馈标准。

自我评价

完成一项综合认知任务后，学生们利用学术笔记本数据、最终作品或表现，以及同伴或教师的反馈，进行正式的自我评估。如果合适，教师可以要求学生们自行提议在该项目中应得的分数或等级。

同伴辅导

尖子生自愿帮助只需少量帮助就能进入更高水平的学生。他们不该辅导学习上特别吃力的学生（这些学生需要教师的强化辅导），但教师可以让这些学生与只需少量帮助或指导就能达到一定能力或熟练程度的学生结成小组。

· · 技术环节 · ·

- 指导学生们使用有助于合作的网站。有些网站旨在协助在线对话，有些网站允许学生们收集信息和共同完成论文及演示文稿。
- 要求学生们在网上或学校服务器上记录思考日志和日记。教师可以监控学生们的记录，并在必要时提供反馈。
- 鼓励学生们探索与学习内容相关的网站，以发现他们感兴趣的、与综合认知任务相关的想法，或找出与学习内容相关的不同观点和问题。

要素22：如何引导学生们参与涉及提出与检验假设的综合认知任务？

· · 策 略 · ·

实验探究型任务

教师利用实验探究型任务指导学生们如何做出预测、检验预测、分析结果、评估结果并反思此过程。观察、实验、调查和访谈都是适用于此类任务的数据收集方式。学生们参与实验探究型任务时，教师可以要求他们回答以下问题：

- 我的预测是什么？
- 我将如何检验我的预测？
- 如果预测是正确的，我希望看到什么？
- 实际上发生了什么？
- 我的预测成真了吗？
- 我的想法是如何改变的？

解决问题型任务

教师利用解决问题型任务指导学生们如何设定目标，识别在实现该目标过程中的障碍或限制，然后找到解决方案，并预测哪个解决方案最可能奏效，检验预测，审查结果，评估结果并反思此过程。学生们参与解决问题型任务时，教师可以要求他们回答以下问题：

- 目标是什么？
- 什么障碍或限制让实现目标变得困难？
- 哪些方法能让我克服障碍或限制？
- 我预测哪种解决方案最为有效？为什么？
- 实际上发生了什么？
- 结果符合我最初的预测吗？
- 如果不符合我的预测，我应如何改变对问题的想法？

决策制定型任务

教师利用决策制定型任务教学生们如何确定可选方案，概述每个可选方案的判断标准，将这些标准应用于每个可选方案，并选出最优项。学生们可以使用下方的决策矩阵完成决策制定型任务（见表C.6）。

表C.6　决策矩阵

标准	可选方案							
0－完全不符合标准 1－略微符合标准 2－符合标准 3－非常符合标准								
总计								

学生们在参与决策制定型任务时，要回答以下问题：

- 我正在考虑哪些可选方案？
- 我正在使用什么标准从可选方案中做选择？
- 我预测最好的可选方案是什么？
- 哪些可选方案的结果最优？
- 结果是否符合我最初的预测？
- 如果不符合我的预测，我应如何改变自己的想法？

调查型任务

教师利用调查型任务指导学生们如何确定要调查的概念、过去的事件或将来的假设事件；确定对调查主题的已有知识；找出疑惑或矛盾；并针对疑惑或矛盾制定可行的解决方案。学生们参与调查型任务时，教师可以要求他们回答以下问题：

- 我是否正在关注须进一步明确界定的事情、过去发生的事情或可能发生的事情?
- 我觉得我会发现什么?
- 关于我的调查主题，有哪些已有认知?
- 我的调查主题中存在哪些疑惑或矛盾?
- 我认为解决这些疑惑或矛盾的方案是什么?
- 我的发现与最初的预测相符吗?
- 如果不相符，我应如何改变自己的想法?

· · 技术环节 · ·

- 与学区和学校合作，创建模板、微型课程和其他工具的电子数据集，用于实验探究型、决策制定型、解决问题型或调查型任务。这个数据库还可以包含优秀学生任务范例。
- 与学生们一起利用互联网探索与内容相关的不同观点，就综合认知任务提出想法。例如，教师可以搜索历史上的重要决策设计调查型任务，或者学生们在参与实验探究型任务时，可以搜索有趣现象的示例进行探究。
- 保存学生们的综合认知任务作品（如书面作品、录像或录音及图片），并与正在设计或开始做任务的学生分享这些范例。

要素23：如何为学生们提供学习资源和学习指导?

· · 策 略 · ·

为论点提供支持

学生们进行陈述或得出结论时，教师要求他们提供相关依据、引用和限定，如下：

- **依据**——论点的初始证据。学生们应分析论点，判断他们能否提供依据证明这一点：为什么这个论点是正确的？依据可以是常识、专家意见、实验证据或事实性信息。
- **引用**——帮助证明依据有效性的额外信息。
- **限定**——论点的例外情况。一个论点所需的限定数量可以帮助决定论点的确定性。

对于年龄较小的学生，教师可以只要求他们提出一个新想法并解释为什么觉得自己的新想法是好的。

检查论点中的谬误

教师提示学生们检查论点中的谬误：逻辑错误型谬误、攻击、弱引用和虚假信息。此外，在使用统计数据支持论点时，通常会出现几种谬误。学生们需要注意的五种主要类型的统计学限制是：（1）回归均值；（2）关联性；（3）基础概率；（4）外推极限；（5）风险的累积性质。学生们可以通过查找常见的统计学限制或错误，检查他们对统计信息的使用情况。马扎诺和布朗用以下方式定义了这些限制类型：

1. **回归均值**——注意一个量度上的极值后面往往会跟随一个接近均值的中等分数。
2. **关联性谬误**——注意两个或多个独立事件同时发生的概率要小于它们单独发生的概率。
3. **注意基础概率**——使用一类事件中的一般或典型概率分布作为基础，预测在某种情况下将发生什么。
4. **理解外推极限**——注意，只要预测没有超出趋势观察的数据，使用趋势进行预测（外推）就是一种有用的做法。

5. **调整风险评估，以解释概率事件的累积性质**——即使风险事件发生的概率非常小，事件发生的概率也会随着时间和事件数量的增加而增加。

评分量表

在参与综合认知任务的过程中，教师要求学生们使用评分量表记录他们学习目标的进展。量表应包含既定学习目标、简单学习目标和复杂学习目标。

面谈

教师与学生面谈，了解他们在综合认知任务和项目中的进展。教师可用检查表或评分量表指导每次面谈，并帮助学生们为下一步做好计划。

在教室里四处走动

学生们学习时，教师在教室里四处走动，方便学生们寻求帮助。

表情和手势

教师在提供指导时，可使用非语言表达和手势，例如在学生课桌旁屈膝，使用手势做解释，与学生进行眼神交流，在学生解释自己的需要时点头回应，并通过提问更好地了解学生的需求。

收集评估信息

教师查看学生评估结果，以预测他们的需求并及时提供有用的学习资源。不愿寻求资源（或无法确定自己需要哪类资源或帮助）的学生可以从易于获得的或已提供的资源中受益。

反馈

教师就正确或错误的答案、表现良好的任务、需要做出的修改、有见地的意见和努力程度向学生们提出反馈意见。

· · 技术环节 · ·

- 鼓励学生们以发送电子邮件或短信的方式寻求帮助和指导。很多学生更愿意用电子方式说明自己的需求或请求帮助。
- 要求学生们在网上或学校服务器上记录日志、日记和学术笔记。然后监控学生们的记录，以便在必要时给予反馈和协助。
- 鼓励学生们在设计作品时使用技术资源。例如，如果某位学生对使用动画工具感兴趣，则可以通过该方式总结综合认知任务中的发现和结论。

即兴互动课程环节

预设问题：如何吸引学生们专心上课？

要素24：学生们不参与课堂学习怎么办？

· · 策 略 · ·

扫视教室

教师通过扫视教室发现注意力不集中和参与度较低的学生。这种方式可以在全班和小组教学、自习和课堂作业时间以及小组讨论时使用。

监控注意力水平

如果教师发现一个或一小群学生的注意力水平和参与度较低，可以引导全班学生做活动，使他们重新参与课堂，或者使用走近、提问或眼神交流等方式帮助这些学生重新参与到课堂学习中。

判断参与程度

教师定期让学生表明自己的参与程度。例如，每位学生有三张卡片——红色卡片表示高参与度，绿色的表示中等参与度，黄色的表示“需要帮助”。全班学生都要在规定时间展示代表自己参与程度的卡片。

· · 技术环节 · ·

- 利用技术工具促使学生们参与课堂并吸引他们的注意力。不过请记住，虽然技术工具能很容易吸引他们的注意力，但并不一定能持续太久。技术工具应与有效的教学策略一起使用。
- 使用学习者应答系统或投票网站调查学生们的任务参与程度，根据收集到的数据调整参与情况。

要素25：如何使用教学游戏？

· · 策 略 · ·

问题是什么

教师创建并展示矩阵图，矩阵图的顶部是内容类别，侧栏是分值（通常是100、200、300、400和500）。这项工作可以使用公告栏、投影仪或演示文稿软件完成。教师还可以创建一些线索（单词、图片或两者的组合），在每个矩阵单元格中放一个线索，较难的线索对应于较高的分值。

一位学生或一个小组选择一个类别和分值。教师透露对应的线索。回答问题的学生必须说出一个问题，这个问题的答案应当是教师透露的线索。由教师决定其问题是否体现出对概念或术语的充分理解。如果学生回答正确，其所在小组就会获得问题积分，并且还由这位学生选择下一个类别和分值。但如果该生回答错了，对方小组就会获得回答的机会。如果对方小组回答正确，其所在小组就会得到相应的积分和再选一次的机会；如果不正确，则不奖励积分，原来的小组选择下一个。

说出类目名称

教师制作一个金字塔造型的游戏板，将其分为不同的区域，每个分区代表不同的类别和分值。

然后教师把学生们分成小组，每组有一名线索提供者和一名或多名猜测者。所有组员坐下，线索提供者面向游戏板，猜测者面向相反的方向。教师在游戏板上公开一个类目（其余的仍遮盖）。线索提供者必须列出符合该类目的单词，直到猜测者正确说出该类目名称。小组一旦猜对第一个类目，教师就会公开下一个。

滔滔不绝

教师准备一套卡片，每张卡片都有一个类别和与之匹配的术语列表（例如，形状类目卡片可能列有正方形、圆形、长方形、三角形、直角三角形、椭圆形和菱形的单词）。教师把学生们分成小组，每组指定一名组员作为讲话者。教师发给每组一张卡片。讲话者通过快速描述图片上的单词，尝试让自己的组员说出这些单词。讲话者不能使用类目标题中的任何单词或谐音词。讲话者不停地说，直到组员说出卡片上的所有术语。如果组员在某个术语上遇到困难，讲话者可以先略过，稍后再描述。最先说出所有术语的几个组将获得积分。之后，教师可以引导学生们讨论哪些单词很难猜到，以及成功的讲话者是如何描述这些单词的。

课堂抢答

教师为班上每位学生至少设计一个问题，可以是选择题、填空题或简答题。

教师将学生们分成小组，每位组员轮流担任本组的答题者。教师向答题者提出一个问题，答题者有15秒的时间与组员进行讨论并敲定最终答案。然后答题者将本组的答案告诉教师。如果回答正确，该组将获得一分。若不正确，那么对方小组获得回答问题的机会。对方小组的最新答题者将代表小组答题，且有15秒的时间来讨论并作答。如果回答正确，对方组将获得一分。若不正确，不加分。两组中的每位学生都担任一轮答题者后，得分最高组获胜。

找出异类

教师设计单词组，每组包含三个相似的术语和一个不同的术语。学生们独立作答或分组作答。教师一次只展示一个单词组。学生们在规定时间内挑选出异类术语，并写下为什么他们认为该术语与众不同。这个游戏可以正式地玩（记分），也可以非正式地玩（比如教师在授课时停下来向全班同学提供四个单词，让学生们辨别哪一个是异类）。

小竞赛

教师可以利用任一类型的小竞赛（包括前面描述的课堂游戏）增加学生课堂参与度。教师应明确划分学生在小组中的角色，并有计划地更改小组成员（例如，在每个单元结束后），以便于学习内容熟练程度较高的学生与熟练程度较低的学生组队。教师可以考虑在单元结束时为前两名的小组或更多小组提供有形奖励。该策略可用于词汇复习、单词拼写、文学术语和要素学习、史实和具体日期记忆。它还可用于强调不同的视角和观点、关键内容、竞争理论和假设，以及数学题的不同解法。

将问题变成游戏

教师把学生们分成四个人数相等的小组，将问题变成即兴游戏，之后在课上提出一系列问题。如果需要，每组可以为自己起一个组名。教师提出一个问题后，组员们一起讨论一分钟，并将他们的答案记录在答题卡上。根据教师的示意，每组举起自己的答案，教师将选出正确答案的小组记在黑板上。提出一系列问题之后，教师表彰总分最高的小组。

词汇复习游戏

教师可使用《课堂词汇游戏》（*Vocabulary games for the classroom*）一书，书中包含13种词汇学习游戏，分别是：

1. 单词收割
2. 说出名称！
3. 谜题故事
4. 天生一对（找出同音异义词）
5. 异性相吸（找出反义词）
6. 魔法字母，魔法单词
7. 定义，编造定义
8. 找出异类
9. 我是谁？
10. 我在哪儿？
11. 创建类目
12. 问题是什么？
13. 课堂抢答

· · 技术环节 · ·

- 使用演示文稿或专门的软件设计和运行教学游戏。
- 将学习者应答系统或投票网站纳入教学游戏，以提高学生参与度。
- 在互联网上搜索一些游戏和类似游戏的活动，以便在课堂上使用，或在改编后用于课堂。

要素26：如何管理学生应答率？

··策略··

随机点名

教师把每位学生的名字写在一张单独的纸片上，并在提出一个问题后随机选择一人作答。教师应当把选定的名字放回罐子或帽子里，之后再问下一个问题。

手势

学生们向上竖起大拇指表示已理解正在讲授的内容，拇指向下表示不理解，手掌放平表示理解一部分内容，还有一部分感到困惑。学生们也可以用手势来回答选择题。例如，一根手指表示选择A选项，两根手指表示选B，三根手指表示选C，四根手指表示选D。

答题卡

学生们把答案写在小型白板或黑板上，并同时展示给教师看。

应答链

第一位学生回答了一个问题后，教师会要求第二位学生解释为什么第一位学生的答案是正确的、部分正确的或不正确的。教师也可以要求第二位学生先用自己的话转述第一位学生的答案，然后再进行点评。教师还可以要求第三位学生点评第二位学生的回答。

结对应答

学生们结对讨论、回答问题，然后教师按组点名提问。可以由一位学生代表本组说出答案，或者两位组员一起回答。

集体应答

教师用一个清晰而简洁的语句陈述目标信息，并要求全班学生集体重复以上信息。目的是形成重要信息的“印记”。

等待时间

提出问题后，教师留出至少三秒钟的停顿时间。如果一位学生在答题时停止说话，教师也可以等待至少三秒钟，并让学生们在两次回答之间等待三秒钟。

详细询问

学生回答完一个问题后，教师通过详细询问来探究该生的答案："你怎么知道这是真的?""为什么是这样呢?"教师也可以要求该生提供证据支持自己的结论。

多样化的问题

教师使用检索性、分析性、预测性、诠释性和评价性的问题组合，如：

- 检索性问题——这些问题需要学生们去识别、回忆和补充直接教授的知识。
- 分析性问题——这些问题需要学生们把信息拆分开来并确定部分与整体之间的关联性。
- 预测性问题——这些问题需要学生们做出推测和假设，猜想故事、信息串或行动的下一步是什么。
- 诠释性问题——这些问题需要学生们推测作者的意图，并为自己的推断进行辩护。
- 评价性问题——这些问题需要学生们使用相关标准对某事做出判断和评估。

· · 技术环节 · ·

- 使用学习者应答系统或投票网站，让更多学生获得回答问题的机会，并提高他们在提问环节的注意力和参与度。

- 要求学生们回答班级网站、博客或维基网站上发布的问题，并监控参与情况和答案的复杂程度。

要素27：如何利用肢体动作？

· · 策 略 · ·

起立舒展身体

教师定时要求学生们站起来舒展身体。这对学生们改变关注点、注意力或参与度特别有用，因为这种活动会让更多的血液和氧气流入大脑。

送一得一

在自己的学术笔记本中找到某个具体主题的信息后，学生们带着笔记本起身寻找一个搭档。两人对比各自学术笔记本上记录的内容。每人都分享至少一条对方没有记录的信息。根据这条信息，他们可以添加或修改自己笔记本中的内容。如果时间允许，还可以找到不同的搭档并重复以上过程。随后，教师引导一场讨论，以便学生们分享收集到的新信息，或探讨如何修改才能使笔记内容更准确或更完整。

用脚投票

教师在教室的每个角落贴一个标识，分别代表判断题或选择题的一个选项，或者对问题答案的判断（不正确，部分正确，完全正确）。学生们走到带有自己答案标识的角落。讨论正确答案之前，教师要求站在每个选项下的学生解释为什么他/她认为这个答案是正确的。

区角活动

教师将学生们分成四组，接着小组轮流前往教室的每个角落，查看与主要内容相关的四个不同的问题。教师在每个角落指派一位记录员总结学生们对区角问题的评论。最后，每位记录员读出自己所在区角的评论总结。

起立并参与人数统计

下课后，学生们根据他们对课上提出的主要观点和概念的理解程度的自我评价，起立并参与人数统计。学生们可以使用以下量表（见表C.7）：

表C.7　学生自我评价量表

4 = 我清楚地理解今天提出的所有主要想法和概念。
3 = 我理解今天提出的大部分观点和概念。
2 = 我需要在别人的帮助下理解今天提出的许多观点和概念。
1 = 我没有理解今天提出的任何观点和概念。

肢体表达

学生们创建一些肢体表达，演示主题的重要内容或主要方面（例如，组成一条因果链，用肢体展示关键序列元素，或表示词汇术语）。

与戏剧相关的活动

学生们把正在学习的事件表演出来，扮演事件中的不同参与者。此法尤其适用于历史场景、时事和文学作品中的事件。

· · 技术环节 · ·

- 区角活动中，使用视频或录音设备录制学生们的总结。然后将这些记录发布在班级网站上，或者在随后的课堂讨论中用于回顾信息。
- 在互联网上搜索与具体学习内容相关的肢体活动（如戏剧活动的脚本）。

要素28：如何保持灵活的课堂节奏?

· · 策 略 · ·

教学部分

教师确保管理和教学环节的以下每个方面都做好周密计划，并以自然从容的方式进行：

- 管理任务——包括活动结束后交作业、分发材料和存放材料。
- 新内容的呈现——这要求教师在呈现小节新内容和给学生们留出时间处理新信息之间来回切换。
- 练习并加深对关键知识和技能的理解——这需要通过复杂的推理过程完成，要求学生们使用解决问题、决策制定、调查、实验探究、系统分析和假设检验过程与学习内容互动。
- 有条不紊地分组——这涉及学生们了解在哪里找到所在组，在哪里与同组成员见面，以及在哪里找到学习用品。
- 课堂作业——要求学生们必须独立完成自己的作业或活动。学生们应当知道哪些活动是在完成课堂作业后才可以参加的。例如帮助其他学生、开始学习更高水平的内容、从另一角度做课堂作业，或者学习自选主题。
- 过渡——这要求学生结束一个活动并开始下一个。教师必须示意学生们上一个活动已结束，宣布下一个活动（包括何时开始，需要多久，何时结束），并提示他们快速进入下一个活动。

教师为每项活动制定好流程，这可以帮助学生们了解在一节课的不同阶段应该做什么。

节奏调整

教师加快或放慢课程节奏，以满足不同学生的参与需求。

停车场

如果教师或学生想不出具体问题或议题的答案，教师可以将该问题写在黑板上的“停车场”区域。在每个人都花时间思考并收集了相关信息之后，教师和学生第二天再回到这个问题上来。

吸引注意力的活动

教师利用轶事、视频片段、音频片段、报纸新闻头条和其他简短的引人注目的媒介吸引学生们的注意力。教师也可以提供一些与课程主题相关的独特信息或个人经历。

· · 技术环节 · ·

- 利用计时器帮助学生们准备、完成和评估他们的过渡。交互式白板软件通常包含计时工具，而且许多计时器可以在线使用。
- 授课之初利用视频片段、音频片段、新闻头条和其他注意力吸引工具吸引学生们的注意力。

要素29：如何满怀热情全身心投入教学？

· · 策 略 · ·

直接说明内容的重要性

教师向学生们直接说明为什么要求他们学习正在讲授的内容，并提供一些相关应用实例，帮助他们了解正在讲授的知识和信息的重要性。

明确联系

教师明确解释学习内容与学生兴趣之间的联系，或与当地、国家或全球事件之间的联系。

非语言表现形式

教师使用各种非语言表现形式帮助学生们将学习内容中的联系和模式形象化。可以使用组织图、图形标记或流程图。使用非语言表现形式时，教师应全身心投入且满怀热情。

个人经历

教师讲述一些与学习内容相关的个人经历，以帮助学生们更好地理解。教师也可以谈论某些刚开始很难懂的内容，或者提供重要个人见解的内容。教师还可以邀请学生们讲述与内容有关的个人经历。

语言和非语言信号

教师利用语言信号，如音量和语调、重音强调以及语速，向学生们传达自己的情感和热情。授课时，教师还可以通过利用短暂停顿制造期待和兴奋感、微笑和手势、眼神交流和在教室里走动等非语言交流方式，向学生们传达自己的热情。

幽默

教师用幽默的方式展示自己对学习内容的热情。教师可以使用自导自演的幽默，有趣的新闻头条，与内容相关的滑稽语录，或者是幽默的课堂符号。

引文

教师使用引文为正在讲授的内容提供背景。某些网站提供可以按主题搜索或浏览的引文库。

电影和电影片段

教师利用电影和电影片段帮助学生们从新的视角看待学习内容，并展示正在学习的信息可以用于哪些现实生活场景。

· · 技术环节 · ·

- 适当地使用技术为课堂增添活力。视频、录音、播客和视觉图都可以更好地传递课堂热情，并增加课堂演示或讨论的激情。
- 使用丰富多彩、有针对性、非语言的表现形式表达对主题的热情。可以使用演示软件（如PowerPoint或交互式白板软件）自带的图像、组织图和模板创建非语言表现形式。学生们还可以使用动画和素描工具创造新的非语言表现形式。
- 在互联网上搜索新的想法、旧观点的新变化或新视角，这将有助于为教学注入新活力。

要素30：如何开展友好辩论？

· · 策 略 · ·

友好辩论

在意见不一致的主题上，学生们要说明并捍卫自己的立场。教师应要求学生们使用以下指南进行友好辩论：

- 即使你想急于说什么，也要先认真倾听别人讲话，等轮到自己再开口。
- 可以批评别人的观点，但不得批评提出观点的人。
- 当其他人说话时，尽力认真倾听，并换位思考为什么他们会认为自己的观点是对的。
- 陈述自己的观点时，尽量提供相关证据或理由。

班级投票

学生们针对具体问题进行投票。在投票前后，学生们对不同立场的优点展开讨论。教师可以要求他们在最后一次讨论后重新投票。为了将活动融入课堂，教师可以要求学生们站在教室的某一侧来代表自己的初始投票，而犹豫不定的学生则站在教室中央。在双方为自己的观点阐述完论据后，学生们有机会更改立场，教师请未做决定的学生选择其中一方表明自己的立场。

研讨小组

以小组为单位，学生们探索在关键问题或主题上表现出很强主观立场的文本、视频或其他资源。小组由三到五名成员组成，每人担任具体角色：主持人、记录员（记录笔记和问题）、监督员（监督每个人都完成任务）、汇总者和小组代表（用于全班汇报）。

专家意见

学生们研究在具体议题或主题上持有不同视角和观点的专家的各种意见。教师可以在拼图式合作中使用这个策略，在这项活动中每位学生负责研究一位具体的研究人员或思想领袖，并把他们的发现向全组报告。然后，全班讨论各种视角的优点，以及具体思想家的观点、立场和证据的有效性（或缺乏有效性）。

相反的观点

学生们为自己不同意或不赞成的相反观点辩护。这样做可以帮助过于教条或死板的学生探索具体主题或议题之间的细微差别，还可以强化提供证据支持论点的过程。

绘制观点图

学生们使用维恩图比较不同的观点。维恩图可以直观地显示两三个观点之间的一致和不一致之处。

林肯—道格拉斯辩论

学生们通过在某一问题上采取肯定或否定的立场做练习，并为自己的立场提供支持性证据。教师选择两个小组作为对立双方，就具体政策或问题进行辩论。一方支持该政策或问题（正方），而另一方持反对观点（反方）。每一方都有机会进行公开辩论、盘问和反驳。辩论结束后，每组评估本组的整体表现，学生们自己以组员身份做自我评估。

模拟市政厅会议

为了帮助学生们从多个角度看待一个复杂议题，教师安排他们在模拟市政厅会议上扮演具体角色。角色可以是最可能对议题持有坚定意见的人或群体，或最可能受新政策或现有政策变化影响的人或群体。教师进行调解时，学生们进行公开讨论。学生们融入到各自的角色中，并在讨论期间从该角度进行辩论。然后参加汇报，借以评估自己的表现与整体讨论。

法律模式

根据以往最高法院案件的文字证据形成自己的观点和依据时，学生们批判性地研究最高法院的裁决对政策的影响。每位学生都完成一张“入场券”，或列出被研究案件中每位最高法院法官提出的必要依据。学生们必须完成入场券方可参与讨论，也可以在整个讨论过程中将入场券作为参考指南。教师带领大家讨论正在研究的案件，针对案件事实、各方观点和看法提出一些问题，帮助学生们根据所阅读的文字证据阐述他们的依据。最后，学生们参加一场任务报告，评估个人表现和小组表现。

· · 技术环节 · ·

- 使用学习者应答系统或投票网站帮助学生们对正在讨论的问题表明立场。
- 使用交互式白板或其他投影设备记录学生们在争议性主题上的立场。还可以记录并展示学生们立场的证据支撑。主题讨论结束后，全班可将立场归类或修改证据支持，以反映他们新的认识。

- 让学生们用录音或录像的方式阐述对一个主题的立场，并发布在班级网站、博客或维基网站上，这样其他学生就可以在上课前进行观看。利用课堂时间更深入地分析各种立场。
- 利用与问题有关的录音和录像（来自互联网或往届学生们）展示学生们可能没有考虑到的其他立场。

要素31：如何为学生们提供谈论自己的机会？

· · 策 略 · ·

兴趣调查

学年开始或教学单元开始时，教师使用兴趣调查了解学生们的兴趣和目标。

学生学习档案

教师利用学生学习档案收集学生自述信息，包括他们喜欢的教学活动和教学风格（如创造型、分析型、实践型或混合型），最利于他们学习的环境和条件，以及他们喜欢的自我表达方式（例如，书写、交谈、身体表达、艺术媒介和其他）。教师在创建学生学习档案时，可以使用正式清单，也可以使用非正式讨论和调查。

生活联系

教学过程中，教师安排中场休息，要求学生们在中场休息时找出教学内容与他们的个人经历和兴趣之间的联系。学生们可以找出兴趣和经历与所学内容之间的异同并加以解释。学生们还可以通过类比，将自己的兴趣和经历与内容要素进行比较。最后，学生们可以创造非语言的表现形式（如组织图、图形标记或图表），展示所学内容与个人兴趣和经历之间的关系。

课堂讨论时的非正式联系

课上讨论主题时，教师参考先前制作的学生兴趣清单。如果讨论中出现的主题与某位学生的兴趣有关，教师可以建立这种联系，例如，可以说："罗伯特，你对天文学感兴趣，是吗？你对我们刚刚阅读的信息和关于冥王星的新信息有什么看法？"

· · 技术环节 · ·

- 使用调查网站或学习者应答系统，快速有效地收集关于学生兴趣的信息。
- 鼓励学生们在班级网站上创建个人博客。学生们可以分享经验、想法、立场、问题以及录音或录像，这将有助于教师和同学了解他们。
- 要求学生们发布或提交文本信息，描述与所学内容相关的个人实例。

要素32：如何导入不寻常或新奇的信息？

· · 策 略 · ·

教师讲述信息

教师讲述不寻常或新奇的信息来吸引学生们的注意力。与教学内容相关的事实是首选，但任何不寻常的信息都可以吸引学生们的注意力，帮助他们对教师即将讲授的内容产生兴趣。

网络任务

学生们在互联网上查找一些与所学内容相关的鲜为人知但有趣的事实和观点。

一分钟头条

围绕某个主题，学生们迅速分享他们发现的最不寻常（但符合事实）的信息。

信不信由你

学生们创建一个电子数据库，记录与所学内容相关的不寻常或鲜为人知的信息。该数据库可以保存至下一年，使每个班级都可以阅读往届学生们录入的信息，纠正所发现的错误概念，并添加他们自己发现的不寻常信息。

历史档案

学生们研究历史上人们对所学的课程内容有哪些不同的认知。例如，自希波克拉底时代以来，医学发生了很大变化，比较一个事实（例如，血液在身体中的作用）在各个历史时期的不同学说，可以让学生们产生新的见解。

演讲嘉宾和一手顾问

学生们通过聆听嘉宾分享他们的职业经历，了解所学内容在现实世界中的应用。

· · 技术环节 · ·

- 在课前将新奇的观点或有趣的信息发给学生们，以激发他们的好奇心，吸引他们对内容的兴趣。
- 利用技术（如网络电话）将专家和演讲嘉宾带入课堂。
- 设计网络任务，让学生们查找与内容相关的不寻常或新奇信息。

预设问题：如何识别并确认学生们是否遵守规则和程序？

要素33：如何展示洞悉全局的能力？

· · 策 略 · ·

积极主动

学生们到校之前，教师在头脑中回想具体班级的具体学生可能出现的问题，并思考解决办法。教师还要尝试了解可能影响学生课堂行为的课外事件。此外，教师还要考虑被动的、有攻击性的、完美主义的、不善于社交的或有注意力问题的学生。上课前，教师私下与可能有扰乱课堂行为的学生交谈，让他们感觉自己是受欢迎的，并对他们提出当天的期望。在合适的情况下，教师和学生们可以预先商定好一个提示信号，教师可以用它来提示不当行为。例如，如果学生的行为开始扰乱课堂或是不可接受的，教师可以在学生的笔记本上做一个小记号，或在课桌上敲两下。

在空间上和视觉上把控整个教室

在教学过程中，教师用目光扫视教室，注意学生的个人或群体行为。如果可以，教师应当与每位学生进行眼神交流，并定期在教室的各个区域巡看。

注意潜在的问题

教师要注意观察以下问题：一小群学生挤在一起频繁交谈；一名或多名学生长时间不参与课堂活动；某个区域的学生互相冲着对方微笑；学生们朝着某个位置微笑；每当教师看向或走近教室的某个区域时，学生们就咯咯笑或微笑；或者当教师背对着全班时，学生们就窃窃私语、咯咯笑或发出异常声音。

采取渐进式行动

当注意到扰乱课堂的行为时，教师要与那些参与事件或有扰乱行为的学生进行眼神交流。这将引起相关学生的注意；也可能会引起其他学生的注意。违规的学生们应该明白，教师已经注意到了他们的行为，这种行为是不可接受的。

如果问题仍然存在，教师应朝违规学生的方向走去，同时继续向全班同学讲课。教师最后应该站在违规学生身边，用非语言暗示来告诉他们需要停止不当行为并参与班级活动。教师应当告诉学生们，他们的参与是受欢迎的，也是必要的。

如果这种行为并未停止，教师应私下悄悄地与违规学生交谈。教师应当以积极的方式要求（而不是强行命令）他们重新参与到课堂活动中来，并重申他们的参与是受欢迎的，也是必要的。

最后，如果行为没有停止，教师应暂停授课，直面违规学生，保持冷静和礼貌，但要明确指出若继续当前行为会有什么后果，同时告诉他们将面临一个选择。

· · 技术环节 · ·

- 对各门课程进行录像，观看录像，了解自己的观察能力水平。使用360° 摄像机拍摄教室各个角落。
- 要求学生们观看一堂课的录像并判断专心和不专心上课的行为。

要素34：如何应对不遵守规则和程序的行为？

· · 策 略 · ·

言语提示

教师说出学生的姓名，轻声提醒他/她没有遵守规则或程序，或轻声说出预期的恰当行为，或仅仅告知学生应当停止当前的行为。教师也可以采用这样的言辞：“比尔，想想你现在正在做什么？”“玛丽，你正在做的事情是否有助于你集中注意力？”

耐人寻味的停顿

针对反复出现的扰乱行为，教师可以停止讲课。这将引发一种令人不适的沉默，将课堂注意力转向行为不当的学生。这可以成为一种有力的刺激因素，促使学生调整其行为。然而，如果学生做出不当行为的目的是吸引注意力，这种策略可能会适得其反。如果有必要，教师应准备好在群体面前与该生进行口头对质。

非语言提示

教师使用眼神交流、接近、含蓄的动作（例如，通过摇头表示“不”、把手指放在嘴唇上、敲击学生的课桌、做出倒竖拇指的手势或扬起眉毛）向学生发出信号，示意他们的行为是不恰当的。

面壁思过

教师要求违规学生去一个指定的地方（教室内或教室外均可），直到该生准备好重新参与正常的课堂活动。教师可以分级采用此法：（1）警告；（2）在教室内面壁思过，学生可以继续旁听正在进行的课堂活动；（3）在教室外面壁思过。如果学生离开教室面壁思过，教师必须确保学生仍然受到监督，而且学生应该制订具体的表现计划，说出回到教室后他/她的表现将有何不同。

过度矫正

教师可以要求有破坏行为的学生做出弥补，使事物恢复至比破坏前还要好的状态。例如，假如一位学生破坏了班级公物，该生需要修复被破坏的物品，然后还要修缮其他物品。如果学生打断了课堂学习，该生要独立学习课堂资料，然后帮助班上的其他学生学习该资料。

“群体相倚法”

只有当班上的每位学生都达到某种行为标准时，教师才会褒奖全班同学。这种“群体相倚法”可以用来加强积极的集体行为，消除消极的集体行为，但应当谨慎使用，特别是在学生们已经具备公平意识的中学阶段。以下是几种使用“群体相倚法”的策略。

- 弹珠罐子——通常用于小学阶段。教师通过在罐子里添加一个弹珠来奖励班级的良好行为，从罐子里拿走一个弹珠来惩罚不恰当的班级行为。当罐子装满的时候，全班就可以获得有形的奖励或特权。
- 计分——班级行为得当时，教师会在黑板上画一个计分标记。或者，教师给行为表现得当的小组或团体画一个记分标记。当全班或某个小组达到事先约定的分数时，他们就会获得有形奖励或特权。
- 倒计时——教师和学生们商定某段时间之内（如一节课或一天）可接受的“礼仪失误”次数。每当有学生不遵守目标行为时，教师就在黑板上画一个标记。如果标记数量少于预先确定的数量，全班同学都可以保留一项特权或获得奖励。
- 小组成绩——教师和学生们商定，将小组成绩作为小组中每位学生的个人成绩。使用该策略时，教师应确保小组中的每个成员对最终结果或作品做出同等贡献。

家校共管

为了帮助个别学生认识到教师和家长或监护人会齐心协力帮助该生控制其课堂行为，教师可以与学生及其家长或监护人见面，指出学生在课堂上的不当行为并共同讨论。在教师和家长或监护人的共同努力下，学生自行决定与课堂行为有关的奖惩措施。然后，可以在课堂和家中实施学生制定的奖惩措施。教师应当与学生父母或监护人就其日常行为进行沟通。

为高度紧张的情况制订计划

当发现某位学生失控时，教师可以采取以下步骤：

1. 评估情况的严重或危机程度。评估该生的可控水平、可用的外部资源（如管理员、辅导员或团队教师）以及对教室里其他学生造成的风险水平。
2. 教师应当从情景中抽离出来，使自己保持冷静。在激动或害怕的情况下处理高度紧张情况可能只会使情况进一步恶化。
3. 教师应积极倾听学生的意见，并计划后续行动。学生说话时，教师可以重述他/她的话，让他/她知道教师听到了自己的声音。教师应继续积极地倾听学生讲话，直到学生平静下来。
4. 学生平静下来后，教师可以重复一个简单的口头要求，例如："请和我一起到走廊上继续聊一聊这个问题。"

整体纪律方案

教师制定一个处理纪律问题的整体方案。该方案可以包括：密切联系学生；展示洞悉全局的能力；阐明课堂行为奖惩制度；制定处理高度紧张情况的指导方针。教师制定的纪律方案可以包含以下方面的考量（见表C.8）：

· · 技术环节 · ·

- 面对面讨论之前，使用电子邮件、电话和短信，让教师、学生们和家长表达各自的观点和感受。
- 要求扰乱课堂的学生观看他们的课堂行为视频，知晓自己的行为如何干扰了全班的学习。可以考虑再播放一个展示恰当行为的视频向他们展示应该如何做。

表C.8 整体纪律方案

密切联系学生	展示洞悉全局的能力	阐明课堂行为奖惩制度	处理高度紧张情况
力求改善与所有学生的关系，特别是经常扰乱课堂的学生。	列一份处理学生不当行为之常见应对措施的清单。 分析该清单，判断哪些措施是有效的，哪些是无效的。	确保学生们能够描述什么是恰当行为和不当行为。 与学生们面谈，指出学生们具体需要减少哪些行为。 帮助学生们制订明确的计划，以减少不恰当的行为，并根据需要完善该计划。 将违规学生与课堂隔离，直到他们承诺端正自己的行为。	制订一个应对高度紧张情况的行动计划。 知道何时让管理人员参与进来，帮忙规避或处理严重情况。

要素35：如何肯定遵守规则和程序的行为？

· · 策 略 · ·

口头肯定

教师使用简短的口头肯定，如“谢谢你”“干得好”“真棒”或“很好”。教师也可以与学生们进行简短的对话或给学生们写便条，以肯定他们对规则和程序的遵守。教师应具体描述学生们的哪些行为遵守了规则或程序，以及这些行为如何帮助课堂正常运作。教师还可以将学生们的当前行为与过去没有遵守规则或程序的行为进行对比。

非语言肯定

教师用微笑、眨眼、点头、向上竖起大拇指、OK手势（拇指和食指环成圆圈)、脱帽致意的手势、轻拍后背或击掌来肯定学生们对规则和程序的遵守。

有形奖励

教师使用特权、活动或物品作为对积极行为的奖励。在使用有形奖励策略时，应当组织全班同学充分讨论该制度背后的理据，以确保它不会被理解为一种贿赂或胁迫的形式。以下特权和活动可以作为有形奖励：

- **周五趣味俱乐部**——通常在小学阶段使用。获得俱乐部成员资格的学生可以在周五的最后一个课时玩一个有趣且有教育意义的游戏。
- **奖励性实地考察旅行**——通常在中学阶段使用。没有或只有极少纪律问题的学生可以参加一次特殊的实地考察旅行。
- **表彰**——可以作为一种有形奖励。教师可以在班上张贴公告，列出达到某种优秀标准的学生们的姓名，或者学生们在一个共同的公告板上留言来感谢彼此或感谢教师。列出在学习目标上达到一定知识水平的学生们的名单，将名单张贴在教室中，也可以作为一种有形奖励。

代币经济奖励

教师设计一个制度，当学生们达到预期目标时，他们会得到一个代币、代金券或积分。然后，他们可以用这些代币、代金券或积分来交换特权、活动或物品。

每日表彰表格

开始上课时，教师给每位学生奖励一个起始分数(例如，20分)，并预先设定一组预期(例如，守时4分，课前准备4分，课堂任务行为4分，尊重他人4分，完成作业4分)。

如果学生们没有达到某一期望，则该期望的部分或全部分数就会被扣除。每位学生课桌上放一张追踪表，教师利用该表来记录一天之内或一节课期间的分数。在下课或一天结束时，学生们统计自己的总分，教师将每天的总分记录在一个账本上。达到一定分数的学生可以获得特权、活动或物品。

颜色编码的行为

教师给每位学生发放三张卡片（红卡 = 不可接受的行为，黄卡 = 可接受但仍需改进的行为，绿卡 = 特别遵守规则和程序），卡片会一直放在课桌上。一天或一节课开始时，所有学生都是绿卡位于最上方。如果一位学生出现相应的行为，教师会更换最上方的卡片，以表示该生的行为水平。如果表示学生行为的卡片已经变成了黄色或红色，他们可以通过表现恰当的行为来恢复绿卡。

许多小学教师会使用该策略的其他实施形式，即在教室中张贴一张海报，上面列出每位学生的姓名及对应的颜色（红、黄或绿）。在一天的开始，每位学生都是绿色，如果出现相应的行为，教师会要求他们改变自己的颜色。

证书

教师使用奖励证书来增加家长的参与和在校行为意识。可以通过在空白证书上填写学生姓名和奖励原因进行个人定制，而针对具体期望行为的预印证书可以用来快速表彰积极行为。

电话、电子邮件和便条

教师给学生的父母或监护人打电话、发电子邮件或寄送便条，以表彰积极的行为。教师可以定一个目标，每天下午打一个表彰电话。如果某些学生在某一周内表现良好，教师也可以撰写个人或群组邮件和便条，发给或寄给他们的父母或监护人。在所有的沟通中，都应当具体说明积极行为如何促进了良好的课堂环境和氛围。

· · **技术环节** · ·

- 利用电子邮件、短信和电话，确保学生及家长定期收到积极信息。
- 给学生们播放他们在活动或演讲中恰当行为的视频，并对他们予以表扬。

预设问题：如何建立和维护有效的师生关系？

要素36：如何了解学生的兴趣和背景？

· · **策 略** · ·

学生背景调查

学年开始或教学单元开始时，教师可以使用背景调查了解每位学生的背景、兴趣和目标。调查表中可以包括下列问题：

- 你出生在哪里？
- 你有几个兄弟姐妹？
- 你的家庭有哪些事情让你感到骄傲？
- 夏季或假期里，你做过哪些自己喜欢的事情？
- 如果你知道自己一定能成功，你会做什么？
- 你是否有任何兴趣爱好（收集物品、艺术创作、搭建东西）？如果有，是什么？
- 你平常是否参加体育运动？如果参加，是哪种运动？你最喜欢的运动是什么？
- 你是否在上兴趣班（音乐、艺术、歌唱、舞蹈、演讲）？如果有，上的是哪种课程？

- 你最喜欢的书籍、游戏、电影、视频、电脑游戏或电视节目是什么？
- 如果只能用一两句话描述自己，你会说什么来帮助别人了解你的个人兴趣？

教师还可以要求学生们完成下列句子：

- 我在空闲时间喜欢____________。
- 我非常喜欢和朋友们一起做的一件事是____________。
- 我非常喜欢____________。
- 我们全家喜欢____________。
- 如果我有一个月的假期，我会把大部分时间花在____________。
- 有一天，我希望成为____________。
- 我在学校里最喜欢的科目是____________。
- 我最喜欢这门科目的原因是____________。

意见调查表

教师使用意见调查表了解学生们对课堂主题的看法。

单独师生会谈

教师利用单独师生会谈作为一对一提出探究性问题的机会，以更加深入地了解学生的兴趣、观点和经历。

家长会

在家长会上，教师询问并倾听与学生们及其最近生活经历有关的重要细节。这些细节可包括家庭活动或度假、父母或兄弟姐妹的人生转折点（如毕业、结婚或工作变动）以及搬家或转校计划。

校报、校讯或公告

教师通过阅读学校出版物，了解学生们参与体育活动（如田径和游泳比赛；篮球、棒球或足球比赛；或获奖情况）、辩论会、社团活动、学校演出和社区志愿者活动的情况。

非正式班级访谈

教师要求学生们分享他们生活中发生的事，或学生们正在谈论而教师应该注意的事情。

调查学生文化

教师通过熟悉流行的唱片艺术家及其作品，关注学生们喜欢聚会的流行场所，记下对学生们有重要意义的当地事件，了解不同学生群体之间的竞争，努力了解学生们关注的信息。教师也可以注意学生们经常使用的流行语和短语。

自传式隐喻和类比

学生们构建隐喻，将教学内容与自己的生活进行比较。比喻可以是简单具体的，也可以涉及更复杂的模式和过程。学生们还可以在教学内容和个人生活之间建立类比。他们可以在类比时加上非语言描述，也可以不加。

六字自传

学生们用六个字写一篇自传，教师引导学生讨论，让他们分享并解释他们的自传。

独立调查

学生们研究一个感兴趣的主题，并向全班汇报他们的发现和学习情况。

引语

学生们收集能够描述他们个性和兴趣的引语，并与他人分享。

评论学生成就或重大事件

教师通过注意和评论学生们的个人成就和人生中的重大事件来表达对学生的关注。以下是可能出现的学生成就或重大事件（见表C.9）。

表C.9 可能出现的学生成就或重大事件

校内成就	校外成就	重大事件
• 其他课程的成绩 • 优秀的作业 • 高质量的演讲 • 班级角色（领导者、助手、协调者） • 学生会工作 • 在社团或体育方面的成就 • 获得的学术荣誉 • 艺术或戏剧成就	• 社区服务 • 志愿活动 • 社会责任活动 • 获得的奖项	• 父母工作变更 • 家庭结构变化（出生、死亡、结婚、离婚） • 休假

排队

学生们通过排队或分组而坐的方式表达喜恶或偏好。教师可以使用这些问题：“你是否愿意……？”“哪个词能最贴切地形容你？”

学生个人学习目标

学生们找出他们感兴趣并且与教师设定的学习目标相关的事情。他们可以用以下句式描述学习目标：

本单元学完时，我将更好地理解__________。

本单元学完时，我将能够__________。

学生们使用以下量表追踪个人学习目标达成情况（见表C.10）。

表C.10 个人学习目标自我评估表

4 = 我做得比我设定的目标还要好。

3 = 我完成了我的目标。

2 = 我没有完成我想做的所有事情，但我学到了很多。

1 = 我试过了，但我并没有真正学到很多东西。

0 = 我并没有去真正尝试实现我的目标。

· · 技术环节 · ·

- 鼓励学生们撰写在线日记或博客，抽出时间予以回复，或者在征得学生同意的情况下，在课堂上引用他们的评论。设定明确的同伴反馈规则和程序，这样学生们之间也可以相互评论。
- 创建电子班报和公告，重点列出积极的学生成就以及学生们可能感兴趣的学校和社区事件。
- 围绕学生兴趣创建维基网站或其他合作网站。例如，如果一些学生对体育感兴趣，可以帮助他们创建一个网站，分享观点，并将体育运动和课堂上学习的内容联系起来。
- 将学生们创造的技术作品融入课程。例如，如果学生会制作视频游戏或喜欢制作动画，鼓励他们创造与教学内容相关的作品，并在上课时使用这些作品。

要素37：如何使用语言和非语言行为表示对学生的关爱？

· · 策 略 · ·

在教室门口迎接学生

教师在门口说出学生们的名字并向他们打招呼。教师也可以询问学生们的感受并对他们的学习或成就提出积极评论。

非正式会谈

教师找时间与学生们进行非正式谈话——提出表扬，询问学生们的意见，谈论学生们取得的成就，并转达其他教师的积极评论。

参加课后活动

教师通过参加学生课后活动，对可能感觉被冷落的学生表示关爱和关注。若打算参加，教师应提前告知学生。如果可能的话，努力在活动中与学生们互动。虽然需要占用教师的非工作时间，但这对今后与学生们的互动很有帮助。

在校外打招呼时说出学生的名字

为了表示对学生的关爱，当教师在附近的场所（如杂货店、电影院或购物中心）偶遇学生时，应当说出学生们的名字来跟他们打招呼。这种互动不需要太长，可以简单到只有一句话："你好，埃米丽。很高兴见到你。祝你今天过得愉快！"

在课堂上给学生们分配特殊的责任或领导角色

为了表示对学生的关爱，教师可以在课堂上给他们分配具体的任务，例如，照顾班级宠物或收取作业。如果一位学生以前的行为证明其具备相关能力，教师可以让该生在项目中担任领导角色，或者要求该生在实地考察旅行中负责一项具体的任务（例如，把午餐送到午餐地点）。

安排互动时间

教师制定时间表，确保与每位学生定期互动，每天选择几位学生进行互动和交谈。教师可以在午餐时、课间休息时或者刚刚放学时与学生们互动。

照片公告板

教师制作公告板，贴上每位学生的照片，并要求他们在各自的照片下面留言，说出他们对班级的想法、个人目标以及其他个人信息和兴趣。照片和信息可以根据学习主题定期更换。

身体行为

教师使用适当的鼓励性肢体语言（如微笑、拥抱和击掌）传达对学生的关注。轻拍学生后背或把手放在他们的肩膀上，也可以表示对学生们的关注或关心。与学生们交谈时，教师要有眼神交流，站得离学生近一些（足够表示关心或关注但不侵犯他们的个人空间），或者对他们的话表现出兴趣。

幽默

教师使用俏皮的调侃、笑话或自导自演的幽默拉近与学生们的关系。教师也可以使用历史名言和流行语表达观点，或将卡通漫画、笑话、双关语和文字游戏融入教学，使课堂充满幽默。

· · 技术环节 · ·

- 在演示文稿的开端添加几页幻灯片，着重展示学生人生中的特殊事件（生日或即将举行的体育赛事、表演或音乐会）。上课开始时，花几分钟时间肯定和称赞学生们。
- 创建一个能让学生们向同学或教师发布赞扬或感谢信息的网站。

要素38：如何展示客观性与控制力?

· · 策 略 · ·

自我反思

教师每天进行自我反思，想一想在执行与既定规则和程序相关的奖惩措施时，自己是否做到了前后一致。教师可以参考下列问题：

- 学生们遵守规则和程序时，我是否给予了适当的肯定?
- 当学生们不遵守规则和程序时，我是否使用了恰当的处理方法?
- 今天我是否利用了一切机会对学生行为进行表彰和惩罚?
- 我是否根据需要在表彰和惩罚之间达到了良好的平衡?

教师还应当考虑如何逐步提高对学生行为自控力的期望。

自我监控

教师在课堂上监控自己的情绪，避免表现出适得其反的情绪，如愤怒、沮丧或犹豫不决等。每天上课前，教师在头脑中回想一下所有的学生，注意可能引起问题的学生。然后，教师应通过问自己“我对（学生姓名）有什么感觉？”这一问题找出对这些学生有哪些具体的负面想法和情绪。然后，教师通过思考“我为什么会有这种感觉？”找出过去哪件事可能是这些负面想法和情绪的来源。最后，教师通过认识到学生的不当行为通常与教师本人并无关系，并通过找出学生们以往不当行为的确切原因，发现这并不意味着不尊重或挑衅教师，以此尝试改变对这些学生的负面想法。

识别情绪的触发因素

教师花时间思考会导致自己难以保持客观的情绪触发因素，如个人事件或学年中的某些时间段。然后，当情绪触发因素出现时，教师可以采取额外的措施维持情绪的客观性。

自我关爱

为了让自己专注于自我关爱，在每天结束时，教师可以坐在一张舒适的椅子上，练习深呼吸，或使用引导想象创造一个“私人静修空间”。教师还可以对负面事件或学生问题保持健康的幽默感，也可以观看有趣的电影和电视节目缓解紧张感。教师还可以在特别难熬的一天奖励自己，以此保持健康的心态。

自信

为了树立自信心，教师要以使他人无法忽视或回避的方式，站出来维护自己的合法权利。自信的人更有可能在各种情况下保持冷静。

保持冷静

处理冲突时，教师可以采用以下方法保持冷静和镇定：

- 使用自信的肢体语言（例如，眼神交流、直立的姿势，并与对方保持适当的距离）。
- 面部表情与向学生传达的信息相匹配。

- 使用适当的、不带情绪的语气（音调比正常讲课时略高，而不是大幅提高音调）。
- 倾听合理的解释。
- 在学生否认、辩解或将自身行为归咎于他人时，避免受其影响而转移注意力。

在面对特别激动的学生时，教师可以采取以下做法：

- 用平静和尊重的语气讲话。
- 使用积极的听与说策略。
- 与学生保持适当的距离。
- 尽量展示出中性的面部表情。
- 对学生的行为进行评论，而不是对学生的认知动机进行评论。
- 避免可能引起学生恐惧和愤怒的行为，例如，用手指指着学生或晃动拳头，提高声音，向学生走去或在学生身边来回走动，眯起眼睛，瞪着或盯着学生，或讥讽学生。

积极的听与说

教师倾听学生意见，不置可否。教师应积极关注学生所说的话，并应努力理解其观点。教师保持中性的身体姿势、手势和面部表情。学生说完后，教师要确认已经听到学生的话（“我想我明白你的感受/你的想法”），然后示意学生继续说下去（“你还有什么其他困扰？”）。教师重复这一过程，直到学生说出全部的想法，并平静下来。最后，教师总结自己听到的学生想法。在总结的最后，教师问：“我说的对吗？我完全听懂你的意思了吗？”学生要么说是，要么纠正教师。如果学生纠正了教师，教师应该在总结中加入纠正的内容。

沟通风格

教师应注意到以下沟通风格会影响沟通和情绪反应：

- 自信的沟通者——“我重视我们的关系和你说的话。”
- 冷漠的回避者——“我不想和你有太多的关系，只会投入极少的努力。”
- 初级治疗师——“我比你更了解你。我了解自己，但我更了解你。”
- 推土机——“我将不惜一切代价达到我的目的。”
- 躲藏者——“我害怕你，不想让你知道我的情况。”

学生的特殊需求

教师可通过了解以下五种学生类型，帮助自己保持客观理性：

1. 被动型
2. 攻击型
3. 注意力有问题
4. 追求完美型
5. 不善社交型

· · 技术环节 · ·

- 若通过面谈或打电话难以保持客观理性，可使用电子通信方式（例如，电子邮件或短信），以便斟酌用词。
- 观看电视剧和电影中的有趣教学场景，帮助自己保持幽默和轻松的心态。

预设问题：如何传达对所有学生的高期望？

要素39：如何向低期望学生表示重视和尊重？

· · 策 略 · ·

列出对每位学生的期望水平

教师假设每位学生都完成了一次涵盖较难课程内容的综合测评，以此确定对每位学生的期望水平。教师在班级名单上写下学生在此类测评中可能的表现：高、中或低。

识别对低期望学生的区别对待

教师连续几天观察并记录自己的行为，更多地了解自己的情感基调差异和与具体学生之间互动的质量，并使用非正式观察表进行记录。与每个领域相关的一些行为如下（见表C.11）：

表C.11 与情感基调和互动质量相关的行为

情感基调	互动质量
• 语调 • 接近 • 手势 • 眼神交流 • 微笑 • 幽默对话 • 身体接触 • 问题范围	• 反馈 • 探询更复杂的信息 • 指导学生回答问题 • 点名 • 问题水平 • 奖励的类型（口头奖励或其他）

然后，教师利用收集到的数据，判断低期望学生是否受到了区别对待。教师应该找出似乎受到区别对待的具体学生群体。教师也可以审视自己是否因为种族、外表、语言模式或社会经济地位，而对某些学生群体普遍抱有低期望。如果真是这样，教师应该积极采用无偏见的思维模式来控制自己的行为方式。如果思维模式中存在偏见，教师可以尝试判断偏见的来源，并设法

抑制由这些思维模式引发的行为。

传达尊重和重视的非语言和语言信号

教师使用眼神交流、微笑、接近、手部和身体动作、身体接触和幽默对话传达对所有学生的重视和尊重。如果教师发现自己区别对待了低期望学生，应努力使用语言和非语言信号表示对他们的尊重和重视。

· · 技术环节 · ·

- 使用电子通信方式（如电子邮件、短信或在班级网站发布信息）与所有学生同时交流。这可以防止教师的肢体语言或眼神交流暗示某些信息只针对某些学生。
- 邀请学生们参与在线聊天或在班级网站、博客或维基网站上发表观点。
- 如果学生们在课堂上因为犹豫而不敢开口分享自己的想法，那么若可以写下并重读自己的回答，他们可能会感觉更加自在。一些网站可使学生们创建角色为自己代言。

要素40：如何向低期望学生提问？

· · 策 略 · ·

问题水平

教师提出要求学生们分析信息、评估结论或进行推论的问题。这类问题比找出或回忆正确答案之类的问题更为复杂。教师应当确保经常向低期望学生提出复杂问题，即使这些学生可能需要帮助或鼓励才能回答。

作答机会

教师通过给所有学生提供平等的作答机会来提高对他们的期望。教师应采用有助于管理应答率的策略鼓励所有学生参与回答。

后续提问

若学生们回答问题时遇到了困难，教师应重述问题，鼓励学生们合作，给予提示和暗示，或让学生们暂停回答。如果允许暂停回答，教师需要稍后使用不同的问题或在一对一情景中让学生们继续回答。

学生作答的证据和支持

为了提高对所有学生的期望，教师可以要求每位学生在回答时都提供同等程度的证据和支持。无论是低期望学生还是高期望学生，如果学生提出一个论点，教师都要让他/她为此提供理由和证据。如果学生必须通过推论回答问题，不管其期望水平如何，教师都应当要求他/她对推论做出解释。

鼓励

为了鼓励全班学生参与，教师可以将想法和评论的所有权交给提供这些想法和评论的人。即使出现了错误，教师也要感谢每一位提出问题或回答问题的学生。如果学生回答不正确，教师要肯定答案中正确的部分，然后解释如何改正不正确的部分。或者，教师也可以说出错误的答案可用以回答什么问题。

等待时间

教师在提出问题后提供适当的等待时间，并在两次回答之间提供适当的停顿时间，从而使所有学生有足够的时间处理信息和构思答案。

追踪作答

教师随机点名，而不是只选举手的学生回答问题。教师也可以使用名单，在回答过问题或被提问过的学生姓名旁边打勾。为重点关注一些学生，教师可以在座位表上圈出他们的姓名，然后记录他们整堂课中提问或回答问题的次数。

避免不当反应

教师应当避免对学生的作答做出不当反应，还应鼓励低期望学生回答问题，分享他们的想法。教师应避免以下做法：

- 告诉学生他们本应该知道问题的答案
- 忽视学生的回答
- 对不正确的答案进行主观评论
- 容许其他学生消极点评

· · 技术环节 · ·

- 使用在线随机数字生成器或随机点名器选人作答。
- 课前将问题发布到班级网站、博客或维基网站上，以便学生们为课上回答问题做好准备。

要素41：如何探究低期望学生的错误答案？

· · 策 略 · ·

使用恰当的回应程序

对于不正确或不完整的回答，教师要做出恰当的回应。首先，应对学生的作答表示感谢。接下来，教师指出答案的正确和不正确之处。教师应该强调正确的部分，并肯定学生的方向是正确的。如果学生的回答完全不正确，教师要指出这个不正确的答案可以用来回答什么问题。最后，教师给学生更多的时间思考，使用提示或暗示，修改或重述原来的问题，或在最初的问题中找到一个更简单的问题，帮助学生正确回答或完善之前的答案。教师也可以向学生提供答案，并要求学生做出详细说明，用自己的话重述答案，或提供一个与答案相关的例子。

让学生暂时“脱身”

如果学生在回答问题时变得慌乱、困惑或尴尬，教师要让其暂停作答。但是，教师应该稍后回到这位学生身边（在全班同学面前或在一对一情景中），让他/她回答另一个问题，或者在学生感觉比较平静的时候帮助他/她思考最初的问题。

修正答案

教师使用精心设计的询问技巧，帮助学生探究自己的答案，直到学生意识到这个答案是站不住脚的。教师可以对学生的错误答案提出问题，例如：你怎么知道那是真的？你能提供什么证据来支持这个结论？

思考—结对—分享

教师使用“思考—结对—分享”策略，允许学生们先行演练和纠正答案，然后在全班同学面前分享答案。首先，教师提出或展示一个问题。然后，学生们两两结对，告诉同伴他们想出的最佳答案。结对讨论两到三分钟后，教师请一名学生回答问题。该生可以提供自己的答案，引用同伴的答案，或者让同伴引用自己的答案。

· · 技术环节 · ·

- 使用电子邮件、短信或班级网站提问。若学生们在课堂讨论中迫于压力不知如何为自己的答案辩护或阐明自己的答案，那么他们可能更愿意用电子方式撰写答案并提交给教师。
- 使用学习者应答系统或投票网站时，要求学生们在讨论前进行投票，然后选择一些学生为自己的答案辩护。讨论结束并重新投票后，要求学生们解释为什么他们改变了自己的答案。

附录 A

理解题参考答案

第2章　参考答案

1. 为何某领域的有效行为模式对该领域专业知识的发展十分重要?

有效行为模式对于相关领域的专业发展非常重要，因为它可以提供多个选择，个人可以快速地从中选择最佳或最有效的行动。随着专家行为模式的发展，个人会有更多选择，能够快速和准确地决定具体场景中的正确行动方案。此外，更为复杂的模式还允许专家纳入更多变量。

2. 本章中有效教学模式的总体结构是什么?

本章提出的有效教学模式借鉴了《教学的艺术和科学》的框架。该模式使用一组预设问题归纳了41个要素，教师可以定期问自己这些问题，以提醒自己有效教学的要素。这些预设问题分为三大类：(1)常规活动课程环节；(2)内容学习课程环节；(3)即兴互动课程环节。

3. 常规活动课程环节、内容学习课程环节和即兴互动课程环节的各个要素之间有何区别?

教师会定期使用常规要素。内容要素帮助学生们与课堂上学习的信息和技能进行互动。即兴要素是教师准备使用，但没有计划在某天或某节课上使用的要素。当情况需要时，教师会在必要时使用这些要素。

4. 要求学生提出并检验假设的课程与其他类型的内容学习课程有何不同?

学生们提出和检验假设时，会比在学习其他有待掌握的课程内容时更自主。涉及提出和检验假设的课程要求学生们将所学内容用于完成解决问题型、决策制定型、调查型和实验型任务。在该课程环节中，教师充当资源提供者和引导者的角色。另外两种类型的内容学习课程涉及与新知识的有效互动，以及练习和加深对新知识的理解。

第3章 参考答案

1. 请描述第3章所示量表中的五个表现水平：未使用（0）、开始（1）、发展（2）、应用（3）和创新（4）。

未使用（0）水平的教师没有使用也不了解具体教学要素的策略或行为。开始（1）水平的教师认识到，与教学要素相关的策略或行为是必要的，并且会尝试使用它们，但在执行策略时会出现错误或遗漏。发展（2）水平的教师会在必要时使用策略或行为，但他们是以一种机械的方式使用策略，而没有监控策略对学生表现的影响。应用（3）水平的教师能够有效地使用与课堂要素相关的策略或行为，同时持续监控策略对学生表现的影响，并在必要时做出调整。创新（4）水平的教师能够修改、组合或创造新的策略，以满足每位学生的具体需求和情况。

2. 请描述教师在学习新策略时经历的三个阶段。

学习一项新策略时，教师首先会进入认知阶段。在这一阶段，教师只是试图理解策略是什么以及如何正确地执行策略。教师可以阅读关于该策略的说明，或者观察同事如何使用。在第二阶段，即塑造阶段，教师开始使用该策略。这一阶段通常会出现重大的遗漏和错误，但随着策略使用技能的提升，教师会逐渐解决这些问题。在塑造阶段，教师在执行策略时必须有意识地去思考，通常关注不到策略对学生表现的影响。第三个阶段是自主阶段，此时教师对策略的使用已经发展至流畅水平，并能够在执行策略的同时监控策略对学生表现的影响。

3. 为何在具体的一年里只选择少数几个要素十分重要？

教师应该选择两到三个在自己的个人资料中自评为“未使用（0）”或“开始（1）”的要素。试图集中练习三个以上的要素的做法可能会适得其反，容易令人不知所措、感到挫败。如果可能，教师应从三种类型的课程环节中各选一个要素：（1）常规环节、（2）内容环节和（3）即兴环节。

4. 好的成长目标包含哪些关键要素？

好的成长目标应当明确提及有效教学的41个要素中的一个或多个。所选要素应是教师在个人资料中自评为1或0的要素。成长目标应包含一个时间框架、在目标上的当前表现水平，以及期望根据目标达到的表现水平。

第4章　参考答案

1. 集中练习与一般练习概念有何不同？

人们通常认为练习是重复执行一个动作。集中练习的不同之处在于，它涉及重复练习一项策略，同时注意提升策略的细节。

2. 聚焦于策略的具体步骤或制定策略实施方案有何好处？

如果策略已经有一套确定的步骤，那么教师可以针对这些步骤中的其中一个步骤进行集中练习，以提高自己在影响策略整体成功的重点环节上的表现。练习具体的策略步骤可能包括为学生们制定明确的指南，指导他们最有效地完成这一策略步骤。如果策略没有明确的步骤，教师可以制订计划指导针对该策略的练习。制订的计划应当阐明与该策略相关的具体行动。

3. 什么是过度学习？它对于提高流利度有何作用？

过度学习指一个人在达到熟练程度后继续进行的练习。为了能够流畅地运用策略，教师要能够做到驾轻就熟地执行策略，以便将注意力集中在监控学生对策略的反应上。过度学习可以帮助教师在运用策略时达到这种熟练的程度。

4. 应用（3）水平的集中练习与创新（4）水平的集中练习有何异同？

在应用（3）水平，教师的练习重点是：利用从学生们的反应中收集到的信息来调整策略，以更有效地满足学生们的需求。在创新（4）水平，教师能够流畅运用具体教学要素的多个策略，并能将每个策略的不同部分整合起来，创建宏观策略。

第5章　参考答案

1. 通过哪些方式可以获得有针对性的反馈？

收集教学专业发展数据最简单的方法之一是记录反思日志。教师只需在一段时间内定期记录对策略使用的观察和印象。教师也可以使用视频数据来判断他们是否对一项策略或行为越来越熟练。视频数据可以多次观看，非常有用，并且教师每次可以观看不同的行为或策略。教师可以通过开展班级调查收集学生反馈，然后反思结果。最后，教师可以利用学生成绩数据获得反馈，了解具体策略对学生学习的影响。

2. 教师在观看自己的教学视频时应该遵循什么指导方针？

研究表明，若教师专注于自己表现的一个具体方面，自我观察便可发挥最大作用。教师可以观察具体策略或行为的使用，观看学生们对策略的反应，或关注整个课堂的运转（例如，课堂组织或学生参与）。

3. 您会如何在自己的课堂上就具体策略收集学生成绩数据？

答案会有所不同，因为每个课堂都是独特的。但是，这个过程应始于确定两组学生——一个对照组和一个实验组。应该以相同的方式向两组学生教授相同的内容，只是所选策略应用于实验组，不用于对照组。两组学生都应当参加实验前测试和实验后测试，教师应比较对照组的分数增长和实验组的分数增长。如果实验组的平均增幅高于对照组，则表明该策略对学生成绩有积极的影响。

4. 教师可以如何组织和追踪多种来源的反馈？

教师可以使用图表记录反馈事件，显示随着时间的推移自己的成长情况。教师应当将每个反馈事件（反思日志、视频数据、调查回答或学生成绩数据）记入日志，并描述他们为什么给该反馈事件打某个分数。

第6章　参考答案

1. 教师在观看其他教师的授课视频时有哪些注意事项？

教师应该记住，其他教师的授课视频所展示的不一定是有效教学。观看视频时，教师应该找出视频中的教师哪些地方做得好，哪些地方做得不好。此外，观看视频的教师可以说出在视频所示的场景中没有使用但可能有效的策略。

2. 您会如何利用同事互助指导策略来提高自己的专业技能？

答案会有所不同，因为每所学校和每位教师都是独特的。互助指导的同事可以两人或多人结成小组，互相观察并当面分享反馈。整个教学组或学校也可以采用同事互助指导策略。互助指导小组内的同事应制定一套规范互动的准则。

3. 教学巡视的目的是什么？

教学巡视的目的是让教师通过将自己的教学实践与所观察的教师进行比较，进而提升自己的教学。教学巡视不带有任何评估的目的。对于同意教学巡视小组来自己课堂上观摩的教师，应当对其表示感谢，但观课教师不应提供反馈，除非被观课教师要求反馈。在一系列的教学巡视结束时，观课教师应列出：自己目前正在使用的策略、观察到其他教师使用的策略、现在对自己的策略使用产生的问题以及当前对课堂策略使用的新想法。

4. 在您的学校，您会如何利用教学巡视策略？

答案会有所不同，因为每所学校都是不同的。教学巡视需要行政支持。负责教学巡视的管理者指定一名带队教师为全校的每名教师安排时间参加教学巡视，每名教师每学期至少参加一次。带队教师与管理者合作，在教师参加教学巡视时为他们安排代课教师。带队教师还可以招募允许巡视小组来自己课堂上观摩的高效能教师。观摩结束后，带队教师组织讨论。

附录B

反思性实践教师量表

本附录提供了第2章所述的《教学的艺术和科学》模式中的41个要素的量表、教师证据和学生证据。

常规活动课程环节

预设问题：如何设定和传达学习目标，追踪学生的进步并庆祝成就？

<table>
<tr><th colspan="2">1. 如何提供清晰的学习目标和量表（评估准则）？</th></tr>
<tr><td colspan="2">教师提供清晰明确的学习目标以及量表或评估准则，描述在学习目标上的各种表现水平。</td></tr>
<tr><td>教师证据
☐ 教师张贴学习目标，使所有学生都能看见。
☐ 学习目标是对知识或信息的清晰表述，而不是课堂活动或作业。
☐ 教师在课堂上反复提及学习目标。
☐ 教师张贴与学习目标相关的量表或评估准则，使所有学生都能看见。
☐ 教师在课堂上反复提及量表或评估准则。</td><td>学生证据
☐ 被问及时，学生们能够解释本课程的学习目标。
☐ 被问及时，学生们能够解释他们当前的活动与学习目标之间的关系。
☐ 被问及时，学生们能够解释量表或评估准则中所述的各种表现水平的含义。</td></tr>
</table>

我做得怎样？

	4 创新	3 应用	2 发展	1 开始	0 未使用
提供清晰的学习目标和量表（评估准则）	我可以根据学生们的特殊需求或具体情况来调整和创造新的策略。	我提供了清晰明确的学习目标以及描述表现水平的量表或评估准则，并监控学生们对学习目标和表现水平的理解程度。	我提供了清晰明确的学习目标以及描述表现水平的量表或评估准则，但我是以一种较为机械的方式完成的。	我对策略的使用存在错误或遗漏。	我应当使用该策略，但却没有。

2. 如何追踪学生的进步？	
教师使用形成性评估方法追踪学生们在一个或多个学习目标上的进步。	
教师证据 ☐ 教师帮助学生追踪他们在学习目标上的个人进步。 ☐ 教师使用量表或评估准则打分，描述学生们在学习目标上的表现。 ☐ 教师使用正式的和非正式的方式给学生打分。 ☐ 教师绘制整个班级在学习目标上的进展图。	**学生证据** ☐ 被问及时，学生们能够使用量表或评估准则描述自己在学习目标上的表现。 ☐ 学生们逐步提升自己在学习目标上的表现。

我做得怎样？

	4 创新	3 应用	2 发展	1 开始	0 未使用
追踪学习进展	我可以根据学生们的特殊需求或具体情况来调整和创造新的策略。	我使用形成性评估方法追踪学生们的进步，并监控学生们对自身表现水平的理解。	我使用形成性评估方法追踪学生们的进步，但我是以一种较为机械的方式完成的。	我对策略的使用存在错误或遗漏。	我应当使用该策略，但却没有。

<table>
<tr><th colspan="2">3. 如何庆祝学生成就?</th></tr>
<tr><td colspan="2">教师表彰学生们在学习目标上的当前表现和知识进步。</td></tr>
<tr><td>教师证据
☐ 教师表彰根据量表或评估准则取得一定分数的学生。
☐ 教师表彰学生在与学习目标相关的知识和技能方面取得了进步。
☐ 教师表彰并庆祝整个班级的最终表现和进步。
☐ 教师使用多种方式庆祝成就：
• 举手表决
• 奖励证书
• 通知家长
• 鼓掌喝彩</td><td>学生证据
☐ 学生们对自己在课堂上取得的成绩表现出自豪感。
☐ 被问及时，学生们表示希望继续进步。</td></tr>
</table>

我做得怎样?

	4 创新	3 应用	2 发展	1 开始	0 未使用
庆祝成功	我可以根据学生们的特殊需求或具体情况来调整和创造新的策略。	我表彰了学生们在学习目标上的当前表现和知识进步，并监控他们提升自我表现的动机水平。	我表彰了学生们在学习目标上的当前表现和知识进步，但我是以一种较为机械的方式完成的。	我对策略的使用存在错误或遗漏。	我应当使用该策略，但却没有。

预设问题：如何制定并维护课堂规则和程序?

4. 如何制定并维护课堂规则和程序?	
教师回顾与规则和程序有关的期望，以确保其有效执行。	
教师证据 ☐ 教师让学生们参与课堂规则的制定。 ☐ 教师通过班会回顾和制定规则和程序。 ☐ 教师提醒学生们注意规则和程序。 ☐ 教师要求学生们复述或解释规则和程序。 ☐ 在应当使用规则或程序时，教师提供暗示或信号。	**学生证据** ☐ 学生们上课时遵循明确的常规。 ☐ 被问及时，学生们能够描述已制定的规则和程序。 ☐ 被问及时，学生们将教室描述为一个有序的场所。 ☐ 学生们可以识别教师的暗示和信号。 ☐ 学生们监督自己的行为。

我做得怎样？

	4 创新	3 应用	2 发展	1 开始	0 未使用
制定并维护课堂规则和程序	我可以根据学生们的特殊需求或具体情况来调整和创造新的策略。	我设定并回顾了在规则和程序方面的预期，并监控学生们对规则和程序的理解程度。	我设定并回顾了在规则和程序方面的预期，但我是以一种较为机械的方式完成的。	我对策略的使用存在错误或遗漏。	我应当使用该策略，但却没有。

<table>
<tr><th colspan="2">5. 如何规划教室的空间布局？</th></tr>
<tr><td colspan="2">教师规划教室的空间布局，以促进课堂运动和专心学习。</td></tr>
<tr><td>教师证据
☐ 教室的空间布局有清晰的过道。
☐ 教室的空间布局便于拿取材料和往返学习中心。
☐ 教室的装饰有助于促进学生们的学习：
• 公告板与当前的课程内容相关。
• 展示学生作品。</td><td>学生证据
☐ 学生们能轻松地在教室里走动。
☐ 学生们可以使用材料和学习中心。
☐ 学生们可以查看所展示的学生作品范例。
☐ 学生们可以查看公告板上的信息。
☐ 学生们能轻松地专心听讲。</td></tr>
</table>

我做得怎样？

	4 创新	3 应用	2 发展	1 开始	0 未使用
规划教室的空间布局	我可以根据学生们的特殊需求或具体情况来调整和创造新的策略。	我规划了教室的空间布局，以促进课堂运动和专心学习，并监控教室环境对学生学习的影响。	我规划了教室的空间布局，以促进课堂运动和专心学习，但我是以一种较为机械的方式完成的。	我对策略的使用存在错误或遗漏。	我应当使用该策略，但却没有。

内容学习课程环节

预设问题：如何帮助学生们有效地与新知识互动？

<table>
<tr><th colspan="2">6. 如何确定关键信息？</th></tr>
<tr><td colspan="2">教师强调课上包含重要信息，学生们应当特别注意这些信息。</td></tr>
<tr><td>教师证据
☐ 教师在开始上课时解释为什么接下来的内容很重要。
☐ 教师告诉学生们要准备好了解一些重要的信息。
☐ 教师用某种间接的方式暗示即将讲授的信息的重要性：
• 语调
• 身体姿势
• 兴奋程度</td><td>学生证据
☐ 被问及时，学生们可以说出课堂上所讲信息的重要程度。
☐ 被问及时，学生们可以解释为什么必须注意这些内容。
☐ 学生们明显调整了他们的参与程度。</td></tr>
</table>

我做得怎样?

	4 创新	3 应用	2 发展	1 开始	0 未使用
确定关键信息	我可以根据学生们的特殊需求或具体情况来调整和创造新的策略。	我向学生们传达了课上有哪些关键内容和非关键内容，并监控学生们对关键信息的关注程度。	我向学生们传达了课上有哪些关键内容和非关键内容，但我是以一种较为机械的方式完成的。	我对策略的使用存在错误或遗漏。	我应当使用该策略，但却没有。

7. 如何组织学生们与新知识互动?	
教师把学生们分成小组，帮助他们处理新信息。	
教师证据 ☐ 教师为分组和小组互动制定规则。 ☐ 教师在课上将学生们分成临时小组： • 两人结对 • 三人一组 • 不超过五人的小组	**学生证据** ☐ 学生们有序地分成小组。 ☐ 学生们似乎理解在小组讨论时应采取的恰当行为： • 尊重他人的意见 • 在讨论中提出自己的观点 • 提出并回答问题

我做得怎样？

	4 创新	3 应用	2 发展	1 开始	0 未使用
组织学生们与新知识互动	我可以根据学生们的特殊需求或具体情况来调整和创造新的策略。	我将学生们分成小组，帮助他们处理新信息，并监控小组的处理过程。	我将学生们分成小组，帮助他们处理新信息，但我是以一种较为机械的方式完成的。	我对策略的使用存在错误或遗漏。	我应当使用该策略，但却没有。

<table>
<tr><th colspan="2">8. 如何预习新内容？</th></tr>
<tr><td colspan="2">教师引导学生参与课堂活动，帮助他们将已有知识与即将讲授的新内容联系起来，并给予必要的协助。</td></tr>
<tr><td>教师证据
☐ 阅读之前，教师使用预习问题。
☐ 教师使用“已知—想知—习得”策略或该策略的其他形式。
☐ 教师询问或提醒学生回想与课堂主题相关的已有知识。
☐ 教师提供先导组织图：
• 大纲
• 组织图
☐ 教师让学生自由讨论。
☐ 教师使用预先指导策略。
☐ 教师使用吸引注意力的活动：
• 轶事
• 简短的视频片段
☐ 教师使用词汇联想分类活动，在词汇表和即将讲授的内容之间建立联系。
☐ 必要时，教师重新讲解基础知识或技能。</td>
<td>学生证据
☐ 被问及时，学生们能够解释新内容与已有知识之间的联系。
☐ 被问及时，学生们能对即将学习的内容做出预测。
☐ 被问及时，学生们能够为将要学习的内容设定目标。
☐ 学生们积极参与预习活动。</td></tr>
</table>

我做得怎样?

	4 创新	3 应用	2 发展	1 开始	0 未使用
预习新内容	我可以根据学生们的特殊需求或具体情况来调整和创造新的策略。	我引导学生参与课堂活动，要求他们预习并将新知识与已学知识联系起来，并监控学生们建立联系的程度。	我引导学生参与课堂活动，要求他们预习并将新知识与已学知识联系起来，但我是以一种较为机械的方式完成的。	我对策略的使用存在错误或遗漏。	我应当使用该策略，但却没有。

<table>
<tr><th colspan="2">9. 如何把内容划分成易于消化的小节?</th></tr>
<tr><td colspan="2">根据学生需求，教师将内容分成小的信息片段（即易于消化的片段），使他们能够轻松地处理这些片段。</td></tr>
<tr><td>教师证据
□ 口头授课时，教师在关键点停下来。
□ 播放录像带时，教师在关键点暂停播放。
□ 演示时，教师在关键点停下来。
□ 全班同学在课堂上朗读信息或故事时，教师在关键点停下来。</td><td>学生证据
□ 被问及时，学生们能够解释为什么教师在不同的节点停下来。
□ 学生们似乎知道当教师在关键点停下来时自己需要做什么。</td></tr>
</table>

我做得怎样？

	4 创新	3 应用	2 发展	1 开始	0 未使用
把内容划分成易于消化的小节	我可以根据学生们的特殊需求或具体情况来调整和创造新的策略。	我根据学生需求将学习内容分成小节，并监控分段的合理程度。	我根据学生需求将学习内容分成小节，但我是以一种较为机械的方式完成的。	我对策略的使用存在错误或遗漏。	我应当使用该策略，但却没有。

10. 如何帮助学生们处理新信息？	
在内容展示的间歇，教师引导学生们积极参与处理新信息。	
教师证据 ☐ 教师要求小组成员总结新信息。 ☐ 教师采用正式的小组处理策略： • 拼图 • 交互教学 • 概念获得	**学生证据** ☐ 被问及时，学生们可以解释他们刚刚学了什么。 ☐ 学生们主动提出预测。 ☐ 学生们主动提出澄清性问题。 ☐ 小组积极讨论内容： • 小组成员互相提问，并回答有关这些信息的问题。 • 小组成员对他们接下来要做的事情做出预测。

我做得怎样？

	4 创新	3 应用	2 发展	1 开始	0 未使用
帮助学生们处理新信息	我可以根据学生们的特殊需求或具体情况来调整和创造新的策略。	我引导学生们参与总结、预测和提问活动，并监控这些活动在多大程度上提高了学生的理解能力。	我引导学生们参与总结、预测和提问活动，但我是以一种较为机械的方式完成的。	我对策略的使用存在错误或遗漏。	我应当使用该策略，但却没有。

<table>
<tr><th colspan="2">11. 如何帮助学生们详细阐述新信息?</th></tr>
<tr><td colspan="2">教师提出问题，或引导学生们参与一些超出授课范围的、需要详细推理的活动。</td></tr>
<tr><td>教师证据
☐ 教师提出明确的问题，要求学生们对内容做出详细的推理。
☐ 教师要求学生们解释并为他们的推论辩护。
☐ 教师展示需要推理的情景或问题。</td><td>学生证据
☐ 学生们主动回答推理性问题。
☐ 学生们为推论提供解释和“证明”。</td></tr>
</table>

我做得怎样?

	4 创新	3 应用	2 发展	1 开始	0 未使用
帮助学生们详细阐述新信息	我可以根据学生们的特殊需求或具体情况来调整和创造新的策略。	我让学生们参与回答推理性问题，并监控学生们能在多大程度上详细阐述已学内容。	我让学生们参与回答推理性问题，但我是以一种较为机械的方式完成的。	我对策略的使用存在错误或遗漏。	我应当使用该策略，但却没有。

<table>
<tr><th colspan="2">12. 如何帮助学生们记录并表述知识?</th></tr>
<tr><td colspan="2">教师引导学生们参与一些活动，帮助他们用语言记录对新内容的理解，以非语言的方式表述内容。</td></tr>
<tr><td>教师证据
☐ 教师要求学生们总结所学信息。
☐ 教师要求学生们在笔记中记下所学内容的关键信息。
☐ 教师要求学生们为新内容创建非语言表达：
• 组织图
• 图片
• 图形标记
• 流程图
☐ 教师要求学生们创建记忆符组织内容。</td><td>学生证据
☐ 学生的总结和笔记包含关键内容。
☐ 学生们的非语言表述包含关键内容。
☐ 被问及时，学生们能够解释这节课的要点。</td></tr>
</table>

我做得怎样?

	4 创新	3 应用	2 发展	1 开始	0 未使用
帮助学生们记录并表述知识	我可以根据学生们的特殊需求或具体情况来调整和创造新的策略。	我引导学生们参与一些活动，帮助他们以语言和非语言的方式记录他们对新内容的理解，并监控这在多大程度上提高了学生们的理解。	我引导学生们参与一些活动，帮助他们以语言和非语言的方式记录他们对新内容的理解，但我是以一种较为机械的方式完成的。	我对策略的使用存在错误或遗漏。	我应当使用该策略，但却没有。

13. 如何帮助学生们反思自己的学习?	
教师引导学生们参与一些活动，帮助他们反思自己的学习情况和学习过程。	
教师证据	**学生证据**
□ 教师要求学生们陈述或记录他们清楚理解的内容和感到困惑的内容。	□ 被问及时，学生们能够解释他们清楚理解的内容和感到困惑的内容。
□ 教师要求学生们陈述或记录他们的努力程度。	□ 被问及时，学生们能够描述他们的努力程度。
□ 教师要求学生们陈述或记录他们可以做些什么来提高学习水平。	□ 被问及时，学生们能够解释他们可以做些什么来提高学习水平。

我做得怎样？

	4 创新	3 应用	2 发展	1 开始	0 未使用
帮助学生们反思自己的学习	我可以根据学生们的特殊需求或具体情况来调整和创造新的策略。	我引导学生们反思自己的学习和学习过程，并监控学生们对自身理解水平和努力程度的自我评估。	我引导学生们反思自己的学习和学习过程，但我是以一种较为机械的方式完成的。	我对策略的使用存在错误或遗漏。	我应当使用该策略，但却没有。

预设问题：如何帮助学生们练习并加深对新知识的理解？

<table>
<tr><th colspan="2">14. 如何回顾课程内容？</th></tr>
<tr><td colspan="2">教师引导学生们简要回顾所学内容的主要信息。</td></tr>
<tr><td>教师证据
☐ 教师在开始上课时简要回顾内容。
☐ 教师使用具体的策略来回顾信息：
•总结
•必须使用先前信息解决的问题
•提问
•示范
•简短的测试或练习
☐ 必要时，教师重新讲解基础知识或技能。</td><td>学生证据
☐ 被问及时，学生们能够描述新的一课以哪些先前内容为基础。
☐ 学生们对课堂活动的反应表明，他们能回想起先前的内容。</td></tr>
</table>

我做得怎样？

	4 创新	3 应用	2 发展	1 开始	0 未使用
帮助学生们复习课程内容	我可以根据学生们的特殊需求或具体情况来调整和创造新的策略。	我引导学生们简要回顾了内容的关键信息，并监控学生们能在多大程度上回想起并描述先前的内容。	我引导学生们简要回顾了内容的关键信息，但我是以一种较为机械的方式完成的。	我对策略的使用存在错误或遗漏。	我应当使用该策略，但却没有。

15. 如何组织学生们练习和深入理解知识？	
教师使用合理的分组方式，帮助学生们练习和深化知识。	
教师证据 □ 教师将学生们分成小组，明确表示打算加深他们对信息性内容的了解。 □ 教师组织学生们分成小组，明确表示打算让他们练习技能、策略或程序。	**学生证据** □ 被问及时，学生们能够解释分组合作对学习有何帮助。 □ 在小组中，学生们坦诚交流，加深对信息性内容的理解或练习一项技能、策略或程序，如下： • 互相提问 • 获得同伴反馈

做得怎样？

	4 创新	3 应用	2 发展	1 开始	0 未使用
组织学生们练习和深入理解知识	我可以根据学生们的特殊需求或具体情况来调整和创造新的策略。	我将学生们分成小组，练习和深入理解知识，并监控小组合作在多大程度上强化了他们的学习。	我将学生们分成小组，练习和深入理解知识，但我是以一种较为机械的方式完成的。	我对策略的使用存在错误或遗漏。	我应当使用该策略，但却没有。

<table>
<tr><th colspan="2">16. 如何布置家庭作业？</th></tr>
<tr><td colspan="2">在适当的时候（而不是经常），教师设计家庭作业来加深学生对信息性内容的理解，或练习一项技能、策略或程序。</td></tr>
<tr><td>教师证据
☐ 教师传达明确的家庭作业目标。
☐ 教师延续此前在课堂上开始的活动，为学生们提供更多的时间。
☐ 教师布置精心设计的家庭作业，使学生们独立地练习并加深对知识的理解。</td><td>学生证据
☐ 被问及时，学生们能够描述家庭作业可以如何加深他们对信息性内容的理解，或帮助他们练习一项技能、策略或程序。
☐ 学生们提出与家庭作业有关的澄清性问题，帮助他们理解作业目标。</td></tr>
</table>

我做得怎样？

	4 创新	3 应用	2 发展	1 开始	0 未使用
布置家庭作业	我可以根据学生们的特殊需求或具体情况来调整和创造新的策略。	在适当的时候（而不是经常），我会布置家庭作业帮助学生们加深对信息性内容的理解或练习技能、策略或程序，并监控学生们对家庭作业的理解程度。	在适当的时候（而不是经常），我会布置家庭作业帮助学生们加深对信息性内容的理解或练习技能、策略或程序，但我是以一种较为机械的方式完成的。	我对策略的使用存在错误或遗漏。	我应当使用该策略，但却没有。

17. 如何帮助学生们分析共性和差异？

讲授信息性内容时，教师通过分析共性和差异帮助学生们加深对知识的理解。

教师证据	学生证据
□ 教师引导学生参与活动，要求他们分析内容之间的共性和差异： • 比较活动 • 分类活动 • 类比活动 • 隐喻活动 □ 开展这些活动时，教师提供辅导，帮助学生们加深对内容的理解： • 要求学生们总结从这个活动中学到了什么 • 要求学生们解释这个活动如何加深了他们对知识的理解	□ 学生作品表明，该活动扩展了他们的知识。 □ 当被问及有关活动的问题时，学生们的回答表明他们的理解加深了。 □ 被问及时，学生们能够解释共性和差异。 □ 学生作品表明他们能够识别共性和差异。

我做得怎样？

	4 创新	3 应用	2 发展	1 开始	0 未使用
帮助学生们分析共性和差异	我可以根据学生们的特殊需求或具体情况来调整和创造新的策略。	讲授信息性内容时，我引导学生们参与活动，要求他们分析共性和差异，并监控学生们在多大程度上加深了他们的知识。	讲授信息性内容时，我引导学生们参与活动，要求他们分析共性和差异，但我是以一种较为机械的方式完成的。	我对策略的使用存在错误或遗漏。	我应当使用该策略，但却没有。

<table>
<tr><th colspan="2">18. 如何帮助学生们识别推理中的谬误？</th></tr>
<tr><td colspan="2">当讲授信息性内容时，教师通过帮助学生们检查他们的推理过程或所示信息中的逻辑，进而加深他们对知识的理解。</td></tr>
<tr><td>教师证据
☐ 教师要求学生们分析信息中的错误或非正式谬误，如：
• 逻辑错误型
• 攻击
• 弱引用
• 虚假信息
☐ 教师要求学生们通过寻找以下内容分析论点的支持力度：
• 表达明确的论点
• 为论点提供的证据
• 提出限定来阐述论点的例外情况
☐ 教师要求学生们分析论点，以确定论点中是否含有统计学限制，包括回归、关联性、基础概率、外推极限或概率事件的累积性。</td><td>学生证据
☐ 被问及时，学生们能够描述信息中的错误或非正式谬误。
☐ 学生作品表明，他们能够识别出推理中的谬误。
☐ 被问及时，学生们能够解释为支持论点所提供的论据的整体结构。
☐ 被问及时，学生们能够描述常见的统计学谬误。</td></tr>
</table>

我做得怎样?

	4 创新	3 应用	2 发展	1 开始	0 未使用
帮助学生们识别推理中的谬误	我可以根据学生们的特殊需求或具体情况来调整和创造新的策略。	讲授信息性内容时，我引导学生们参与活动，要求他们检查自己的推理过程或所示信息中的逻辑，并监控学生们在多大程度上加深了他们的知识。	讲授信息性内容时，我引导学生们参与活动，要求他们检查自己的推理过程或所示信息中的逻辑，但我是以一种较为机械的方式完成的。	我对策略的使用存在错误或遗漏。	我应当使用该策略，但却没有。

19. 如何帮助学生们练习技能、策略和程序?	
当内容涉及技能、策略或程序时，教师引导学生们参与练习活动，帮助他们提高流利度。	
教师证据 ☐ 教师根据学生当前执行技能、策略或程序的能力引导他们参与适合的整体练习和分解练习，例如： • 若学生们不能独立地执行技能、策略或程序，则采取有指导的练习 • 若学生们能够独立地执行技能、策略或程序，则采取独立的练习	**学生证据** ☐ 学生们在执行技能、策略或程序时信心增加。 ☐ 学生们在执行技能、策略或程序时能力提高。

我做得怎样?

	4 创新	3 应用	2 发展	1 开始	0 未使用
帮助学生们练习技能、策略和程序	我可以根据学生们的特殊需求或具体情况来调整和创造新的策略。	内容涉及技能、策略或程序时，我引导学生们参与练习活动，并监控练习在多大程度上提高了学生们的流利度。	内容涉及技能、策略或程序时，我引导学生们参与练习活动，但我是以一种较为机械的方式完成的。	我对策略的使用存在错误或遗漏。	我应当使用该策略，但却没有。

20. 如何帮助学生们修正对知识的理解?	
教师引导学生修正他们之前对已学课程内容的理解。	
教师证据	**学生证据**
☐ 教师要求学生们查阅以前在学术笔记本或笔记中记录的内容。 ☐ 教师引导全班共同探讨当前课程如何改变了他们对先前内容的看法和理解。 ☐ 教师让学生们解释他们的理解是如何改变的。	☐ 学生们更正以前记录的课程内容相关信息。 ☐ 被问及时，学生们可以解释他们以前对内容的理解有哪些错误或误解。

我做得怎样?

	4 创新	3 应用	2 发展	1 开始	0 未使用
帮助学生们修正对知识的理解	我可以根据学生们的特殊需求或具体情况来调整和创造新的策略。	我引导学生们修正以前的内容，并监控这些修正在多大程度上加深了他们的理解。	我引导学生们修正以前的内容，但我是以一种较为机械的方式完成的。	我对策略的使用存在错误或遗漏。	我应当使用该策略，但却没有。

预设问题：如何帮助学生们就新知识提出假设并进行检验?

21. 如何组织学生们完成综合认知任务?	
教师合理安排课程，以帮助学生们完成需要他们提出和检验假设的综合认知任务。	
教师证据 ☐ 教师明确要求学生们提出和检验假设。 ☐ 教师将学生们分成小组提出和检验假设。	**学生证据** ☐ 被问及时，学生们能够描述提出和检验假设的重要性。 ☐ 被问及时，学生们能够解释小组对自身学习有何帮助。 ☐ 学生们通过小组活动帮助自己提出和检验假设。

我做得怎样？

	4 创新	3 应用	2 发展	1 开始	0 未使用
组织学生们完成综合认知任务	我可以根据学生们的特殊需求或具体情况来调整和创造新的策略。	我将学生们分成小组，帮助他们完成综合认知任务，并监控小组活动在多大程度上帮助他们提出和检验假设。	我将学生们分成小组，帮助他们完成综合认知任务，但我是以一种较为机械的方式完成的。	我对策略的使用存在错误或遗漏。	我应当使用该策略，但却没有。

22. 如何引导学生们参与涉及提出与检验假设的综合认知任务？	
教师引导学生们参与综合认知任务（例如，决策制定型、解决问题型、实验探究型和调查型任务），这些任务要求他们提出并检验假设。	
教师证据 ☐ 教师引导学生们参与清晰明确的决策制定型、解决问题型、实验探究型或调查型任务，要求他们提出并检验假设。 ☐ 教师帮助学生们设计个人任务或小组任务，要求他们提出并检验假设。	**学生证据** ☐ 学生们显然正在完成要求他们提出并检验假设的任务。 ☐ 被问及时，学生们能够解释他们正在检验的假设。 ☐ 被问及时，学生们能够解释他们的假设是被证实了还是被否定了。 ☐ 学生作品表明，他们有能力完成决策制定型、解决问题型、实验探究型或调查型任务。

我做得怎样?

	4 创新	3 应用	2 发展	1 开始	0 未使用
引导学生们参与涉及提出与检验假设的综合认知任务	我可以根据学生们的特殊需求或具体情况来调整和创造新的策略。	我引导学生们参与综合认知任务（例如，决策制定型、解决问题型、实验探究型和调查型任务），并监控学生们能在多大程度上提出和检验假设。	我引导学生们参与综合认知任务（例如，决策制定型、解决问题型、实验探究型和调查型任务），但我是以一种较为机械的方式完成的。	我对策略的使用存在错误或遗漏。	我应当使用该策略，但却没有。

23. 如何为学生们提供学习资源和学习指导?	
学生们参与综合认知任务时，教师充当资源提供者和指导者。	
教师证据	**学生证据**
□ 教师要求学生们为他们的论点提供支持。 □ 教师要求学生们检查他们的论点是否有推理谬误或统计学限制。 □ 教师通过以下方式为需要指导或资源的学生提供帮助： • 在教室里四处走动 • 让学生们能方便地找到教师 □ 教师在课堂上与学生们互动，确定他们在提出与检验假设的任务中的需求。 □ 教师根据整个班级、学生小组或学生个人的需要，主动提供资源和指导。	□ 学生们提供依据、引用和限定支持他们的论点。 □ 学生们发现并纠正他们的论点中的谬误或限制。 □ 学生们在提出与检验假设的任务中向教师寻求建议和指导。 □ 被问及时，学生们能够解释教师为提出与检验假设的任务提供了哪些帮助和指导。

我做得怎样?

	4 创新	3 应用	2 发展	1 开始	0 未使用
提供学习资源和学习指导	我可以根据学生们的特殊需求或具体情况来调整和创造新的策略。	学生们参与综合认知任务时，我充当资源提供者和指导者，并监督学生们在多大程度上请求并使用了指导和资源。	学生们参与综合认知任务时，我充当资源提供者和指导者，但我是以一种较为机械的方式完成的。	我对策略的使用存在错误或遗漏。	我应当使用该策略，但却没有。

即兴互动课程环节

预设问题：如何吸引学生们专心上课?

24. 发现学生未参与课堂学习时怎么做?	
教师扫视教室，注意学生们什么时候没有参与课堂，并采取明确的行动。	
教师证据 □ 教师注意到某些学生或学生群体没有参与课堂。 □ 教师注意到课堂热情不高。 □ 教师采取行动，引导学生们重新参与课堂。	**学生证据** □ 学生们似乎意识到教师正在注意他们的参与情况。 □ 经过提示，学生们试图提高他们的参与度。 □ 被问及时，学生们表示教师期望他们高度参与课堂。

我做得怎样?

	4 创新	3 应用	2 发展	1 开始	0 未使用
发现学生未参与课堂学习怎么做	我可以根据学生们的特殊需求或具体情况来调整和创造新的策略。	我扫视教室，注意学生们什么时候没有参与课堂，并采取行动，随后监控学生们重新参与课堂的程度。	我扫视教室，注意学生们什么时候没有参与课堂，并采取行动，但我是以一种较为机械的方式完成的。	我对策略的使用存在错误或遗漏。	我应当使用该策略，但却没有。

<table>
<tr><th colspan="2">25. 如何使用教学游戏?</th></tr>
<tr><td colspan="2">教师使用教学游戏和小竞赛保持学生的参与度。</td></tr>
<tr><td>教师证据
☐ 教师使用结构化的游戏形式，如：
• 问题是什么
• 说出类目名称
• 滔滔不绝
• 课堂抢答
☐ 教师设计即兴游戏，例如猜测游戏，猜猜哪一个可能是问题的正确答案。
☐ 教师在课堂游戏中使用小竞赛。</td><td>学生证据
☐ 学生们参与游戏时带有一定的热情。
☐ 被问及时，学生们能够解释这些游戏如何使他们保持兴趣并帮助他们学习或记住内容。</td></tr>
</table>

我做得怎样？

	4 创新	3 应用	2 发展	1 开始	0 未使用
使用教学游戏	我可以根据学生们的特殊需求或具体情况来调整和创造新的策略。	我使用教学游戏和小竞赛来保持学生的参与度，并监控学生们对教学游戏内容的关注程度。	我使用教学游戏和小竞赛来保持学生的参与度，但我是以一种较为机械的方式完成的。	我对策略的使用存在错误或遗漏。	我应当使用该策略，但却没有。

26. 如何管理学生应答率？	
教师使用应答率技巧促使学生们参与答题环节。	
教师证据 ☐ 教师使用等待时间。 ☐ 教师使用答题卡。 ☐ 教师让学生们用手势回答问题。 ☐ 教师使用集体应答。 ☐ 教师使用技术记录学生的答案。 ☐ 教师使用应答链。	**学生证据** ☐ 多名学生或全班学生回答教师提出的问题。 ☐ 被问及时，学生们能够描述自己对教师所提问题的思考。

我做得怎样?

	4 创新	3 应用	2 发展	1 开始	0 未使用
管理学生应答率	我可以根据学生们的特殊需求或具体情况来调整和创造新的策略。	我使用应答率技巧促使学生们参与答题环节，并监控这些技巧在多大程度上保证了学生的参与度。	我使用应答率技巧促使学生们参与答题环节，但我是以一种较为机械的方式完成的。	我对策略的使用存在错误或遗漏。	我应当使用该策略，但却没有。

27. 如何利用肢体动作?	
教师利用身体运动保持学生课堂的参与度。	
教师证据 ☐ 学生们精力不足时，教师让他们站起来并伸展身体或做一些相关活动。 ☐ 教师安排课堂活动，要求学生们通过走动回答问题，例如： • 用脚投票 • 区角活动 ☐ 教师让学生们用身体表演或模仿内容，以增加课堂热情和参与度。 ☐ 教师使用“送一得一”活动，要求学生们在教室里四处走动。	**学生证据** ☐ 学生们参与教师设计的身体活动。 ☐ 被问及时，学生们能够解释身体运动如何使他们保持兴趣和帮助他们学习。

我做得怎样？

	4 创新	3 应用	2 发展	1 开始	0 未使用
利用身体运动	我可以根据学生们的特殊需求或具体情况来调整和创造新的策略。	我利用身体运动来保持学生们的课堂参与度，并监控这些活动在多大程度上提高了学生参与度。	我利用身体运动来保持学生们的课堂参与度，但我是以一种较为机械的方式完成的。	我对策略的使用存在错误或遗漏。	我应当使用该策略，但却没有。

28. 如何保持灵活的课堂节奏？	
教师使用节奏技巧保持学生的课堂参与度。	
教师证据 ☐ 教师自然地从一个活动过渡到另一个活动。 ☐ 教师适当地改变速度（加快或减慢）。	**学生证据** ☐ 学生们迅速适应过渡，并在新活动开始时重新参与进来。 ☐ 当被问及有关课堂节奏的问题时，学生们表示课堂节奏不紧不慢。

我做得怎样?

	4 创新	3 应用	2 发展	1 开始	0 未使用
保持灵活的课堂节奏	我可以根据学生们的特殊需求或具体情况来调整和创造新的策略。	我使用节奏技巧来保持学生的课堂参与度，并监控这些技巧在多大程度上保持了学生参与度。	我使用节奏技巧来保持学生的课堂参与度，但我是以一种较为机械的方式完成的。	我对策略的使用存在错误或遗漏。	我应当使用该策略，但却没有。

<table>
<tr><th colspan="2">29. 如何满怀热情全身心投入教学?</th></tr>
<tr><td colspan="2">教师以各种方式表现对教学内容的热情。</td></tr>
<tr><td>教师证据
□ 教师讲述与内容相关的个人经历。
□ 教师用以下方式表示对内容感到兴奋：
• 身体姿势
• 音调
• 信息戏剧化
□ 教师明显调节了课堂气氛。</td><td>学生证据
□ 被问及时，学生们表示教师“喜欢授课内容”和“喜欢教学”。
□ 教师表现出对内容的教学热情时，学生们的注意力水平随之提升。</td></tr>
</table>

我做得怎样?

	4 创新	3 应用	2 发展	1 开始	0 未使用
满怀热情全身心投入教学	我可以根据学生们的特殊需求或具体情况来调整和创造新的策略。	我以各种方式表现对内容的教学热情，并监控学生参与度在多大程度上得到提高。	我以各种方式表现对内容的教学热情，但我是以一种较为机械的方式完成的。	我对策略的使用存在错误或遗漏。	我应当使用该策略，但却没有。

30. 如何开展友好辩论?	
教师使用友好辩论技巧保持学生的参与度。	
教师证据 ☐ 教师设计关于内容的小型辩论。 ☐ 教师让学生们从多个视角和观点来剖析内容。 ☐ 教师引导班级成员说出对内容的不同见解。	**学生证据** ☐ 学生们以更高的热情参与友好辩论活动。被问及时，学生们将友好辩论活动描述为“生动”“有趣”等等。 ☐ 被问及时，学生们能够解释友好辩论活动如何帮助他们更好地理解所学内容。

我做得怎样？

	4 创新	3 应用	2 发展	1 开始	0 未使用
开展友好辩论	我可以根据学生们的特殊需求或具体情况来调整和创造新的策略。	我使用友好辩论技巧来保持学生们的课堂参与度，并监控该活动对学生参与度的影响。	我使用友好辩论技巧来保持学生的参与度，但我是以一种较为机械的方式完成的。	我对策略的使用存在错误或遗漏。	我应当使用该策略，但却没有。

31. 如何为学生们提供谈论自己的机会？	
教师为学生们提供将课堂内容与个人兴趣联系起来的机会。	
教师证据 ☐ 教师了解学生们的兴趣，并在这些兴趣与课堂内容之间建立联系。 ☐ 教师组织一些活动，要求学生们将课堂内容与个人兴趣联系起来。 ☐ 当学生们解释内容如何与个人兴趣相关时，教师表达鼓励，并表示出兴趣。	**学生证据** ☐ 学生们参与活动，根据要求将个人兴趣和课堂内容联系起来。 ☐ 被问及时，学生们能够解释在课堂内容和个人兴趣之间建立联系可以如何促使他们投入课堂，并帮助他们更好地理解内容。

我做得怎样？

	4 创新	3 应用	2 发展	1 开始	0 未使用
为学生们提供谈论自己的机会	我可以根据学生们的特殊需求或具体情况来调整和创造新的策略。	我为学生们提供机会，将课堂内容与个人兴趣联系起来，并监控这些活动在多大程度上提高了学生的参与度。	我为学生们提供机会，将课堂内容与个人兴趣联系起来，但我是以一种较为机械的方式完成的。	我对策略的使用存在错误或遗漏。	我应当使用该策略，但却没有。

<table>
<tr><th colspan="2">32. 如何导入不寻常或新奇的信息?</th></tr>
<tr><td colspan="2">教师使用与课堂内容相关的不寻常或新奇的信息提高学生参与度。</td></tr>
<tr><td>教师证据
☐ 教师有计划地提供与课堂内容相关的有趣事实和细节。
☐ 教师鼓励学生们发现与课堂内容相关的有趣信息。
☐ 教师引导学生们参加与内容相关的活动，例如“信不信由你”。
☐ 教师邀请演讲嘉宾讲述与内容相关的不寻常信息。
☐ 教师讲述与内容相关的故事。</td><td>学生证据
☐ 当提供与内容相关的不寻常信息时，学生们的注意力随之提升。
☐ 被问及时，学生们能够解释这些不寻常的信息是如何让他们对课堂内容更加感兴趣的。</td></tr>
</table>

我做得怎样？

	4 创新	3 应用	2 发展	1 开始	0 未使用
导入不寻常或新奇的信息	我可以根据学生们的特殊需求或具体情况来调整和创造新的策略。	我使用与课堂内容相关的不寻常或新奇的信息，并监控这些信息在多大程度上提升了学生们对内容的兴趣。	我使用与课堂内容相关的不寻常或新奇的信息，但我是以一种较为机械的方式完成的。	我对策略的使用存在错误或遗漏。	我应当使用该策略，但却没有。

预设问题：如何识别并确认学生们是否遵守规则和程序？

33. 如何展示洞悉全局的能力？	
教师使用与洞悉能力相关的行为促使学生们遵守规则和程序。	
教师证据 ☐ 教师在空间上把控教室的各个区域。 ☐ 教师扫视整个教室，与所有学生进行眼神交流。 ☐ 教师识别扰乱课堂行为的苗头并立即处理。 ☐ 教师主动处理严重扰乱课堂的情形。	**学生证据** ☐ 学生们认识到教师已经知道了他们的行为。 ☐ 被问及时，学生们称教师“知道正在发生什么”，或者将教师形容为“后脑勺上长眼睛”的人。

我做得怎样？

	4 创新	3 应用	2 发展	1 开始	0 未使用
展示洞悉全局的能力	我可以根据学生们的特殊需求或具体情况来调整和创造新的策略。	我使用了与洞悉能力相关的行为，并监控我的行动对学生行为的影响。	我使用了与洞悉能力相关的行为，但我是以一种较为机械的方式完成的。	我对策略的使用存在错误或遗漏。	我应当使用该策略，但却没有。

34. 如何应对不遵守规则和程序的行为？	
教师一贯且公平地处理不遵守规则和程序的行为。	
教师证据 ☐ 学生做出不当行为时，教师使用非语言信号予以提醒，例如： • 眼神交流 • 接近 • 敲击课桌 • 摇头表示“不” ☐ 学生做出不当行为时，教师使用口头信号予以提醒，例如： • 让学生们停下手头的事 • 告诉学生他们的行为违反了规则或程序 ☐ 教师在适当的时候使用“群体相倚法”（即整个小组必须表现出某种行为）。 ☐ 在适当的时候，教师让家庭参与进来（即打电话给学生家长，帮助学生改正不当行为）。 ☐ 在适当的时候，教师使用直接代价法（例如，学生们必须修复他/她损坏的物品）。	**学生证据** ☐ 经教师提示，学生们停止了不当行为。 ☐ 学生们同意处理不当行为是课堂管理方式的一部分。 ☐ 被问及时，学生们认为教师在应用规则方面是公平的。

我做得怎样？

	4 创新	3 应用	2 发展	1 开始	0 未使用
处理不遵守规则和程序的行为	我可以根据学生们的特殊需求或具体情况来调整和创造新的策略。	我一贯且公平地处理不遵守规则和程序的行为，并监督学生们在多大程度上遵守规则和程序。	我一贯且公平地处理不遵守规则和程序的行为，但我是以一种较为机械的方式完成的。	我对策略的使用存在错误或遗漏。	我应当使用该策略，但却没有。

35. 如何肯定遵守规则和程序的行为？	
教师一贯且公平地肯定遵守规则和程序的行为。	
教师证据 ☐ 教师使用非语言信号肯定遵守规则和程序的行为，例如： • 微笑 • 点头 • 击掌 ☐ 教师使用口头提示肯定遵守规则或程序的行为，例如： • 感谢学生们对规则或程序的遵守 • 描述遵守规则或程序的学生行为 ☐ 学生们遵循规则或程序时，教师通知家长，对他们加以肯定。 ☐ 教师在学生们遵守规则或程序时使用有形奖励，例如： • 荣誉证书 • 代币经济奖励	**学生证据** ☐ 在教师肯定学生们的积极行为时，他们表现出感激之情。 ☐ 被问及时，学生们表示教师赞扬了他们的良好行为。 ☐ 遵守规则和程序的学生人数有所增加。

我做得怎样？

	4 创新	3 应用	2 发展	1 开始	0 未使用
肯定学生们遵守规则和程序的行为	我可以根据学生们的特殊需求或具体情况来调整和创造新的策略。	我一贯且公平地肯定遵守规则和程序的行为，并监控我的行动在多大程度上影响了学生们的行为。	我一贯且公平地肯定遵守规则和程序的行为，但我是以一种较为机械的方式完成的。	我对策略的使用存在错误或遗漏。	我应当使用该策略，但却没有。

预设问题：如何建立和维护有效的师生关系？

36. 如何了解学生的兴趣和背景？	
教师利用学生的兴趣和背景营造一种互相接纳的集体氛围。	
教师证据 ☐ 教师与学生们一起讨论他们生活中的事。 ☐ 教师与学生们讨论他们感兴趣的主题。 ☐ 教师将学生们的兴趣融入课堂。	**学生证据** ☐ 被问及时，学生们表示教师了解并关注他们。 ☐ 当教师表示理解他们的兴趣和背景时，学生们做出了回应。 ☐ 被问及时，学生们表示他们觉得自己是被接纳的。

我做得怎样？

	4 创新	3 应用	2 发展	1 开始	0 未使用
了解学生的兴趣和背景	我可以根据学生们的特殊需求或具体情况来调整和创造新的策略。	我在与学生们互动时参考了学生的兴趣和背景，并监控课堂上的集体意识。	我在与学生们互动时参考了他们的兴趣和背景，但我是以一种较为机械的方式完成的。	我对策略的使用存在错误或遗漏。	我应当使用该策略，但却没有。

<table>
<tr><th colspan="2">37. 如何使用语言和非语言行为表示对学生的关爱？</th></tr>
<tr><td colspan="2">在适当的时候，教师使用语言和非语言行为来表示对学生们的关爱。</td></tr>
<tr><td>教师证据
☐ 教师表扬学生们的学业和个人成就。
☐ 教师与学生们进行与学业无关的非正式对话。
☐ 在适当的时候，教师幽默地与学生们互动。
☐ 在适当的时候，教师向学生们微笑或点头。
☐ 在适当的时候，教师把一只手放在学生的肩上。</td><td>学生证据
☐ 被问及时，学生们表示教师是一个关心他们的人。
☐ 学生们对教师的口头互动做出回应。
☐ 学生们对教师的非语言互动做出回应。</td></tr>
</table>

我做得怎样？

	4 创新	3 应用	2 发展	1 开始	0 未使用
使用语言和非语言行为表示对学生的关爱	我可以根据学生们的特殊需求或具体情况来调整和创造新的策略。	我使用语言和非语言行为表示对学生的关爱，并监控课堂上人际关系的质量。	我使用语言和非语言行为表示对学生的关爱，但我是以一种较为机械的方式完成的。	我对策略的使用存在错误或遗漏。	我应当使用该策略，但却没有。

38. 如何展示客观性与控制力？	
教师以客观且可控的方式行事。	
教师证据	**学生证据**
□ 教师没有表现出极端积极或消极的情绪。	□ 学生们因为教师冷静的态度而平静下来。
□ 教师以冷静和可控的方式处理严重扰乱课堂的问题和事件。	□ 被问及时，学生们表示教师有很强的自控力和课堂控制能力。
□ 教师以同样冷静和可控的方式与所有学生互动。	□ 被问及时，学生们表示教师不记恨在心，也不耿耿于怀。
□ 教师没有因学生的不当行为表现出受到冒犯。	

我做得怎样?

	4 创新	3 应用	2 发展	1 开始	0 未使用
展示客观性与控制力	我可以根据学生们的特殊需求或具体情况来调整和创造新的策略。	我能够以客观且可控的方式行事，并监控我的行动对课堂氛围的影响。	我能够以客观且可控的方式行事，但我是以一种较为机械的方式完成的。	我对策略的使用存在错误或遗漏。	我应当使用该策略，但却没有。

预设问题：如何传达对所有学生的高期望?

39. 如何向低期望学生表示重视和尊重?	
教师的行为体现出对低期望学生的重视和尊重。	
教师证据 ☐ 被问及时，教师能够列出班上的低期望学生，以及在过去曾以哪些方式对这些学生和高期望学生有过区别对待。 ☐ 教师向低期望学生提供非语言信号，以表示对他们的重视和尊重，例如： • 眼神交流 • 微笑 • 适当的身体接触 ☐ 教师向低期望学生提供语言信号，以表示对他们的重视和尊重，例如： • 有趣的对话 • 以尊重的态度跟学生们讲话 ☐ 教师不允许他人发表针对低期望学生的负面评论。	**学生证据** ☐ 被问及时，学生们表示教师关心所有学生。 ☐ 学生之间互相尊重。

我做得怎样？

	4 创新	3 应用	2 发展	1 开始	0 未使用
向低期望学生表示重视和尊重	我可以根据学生们的特殊需求或具体情况来调整和创造新的策略。	我在行为中体现了对低期望学生的重视和尊重，并监控我的行动对低期望学生的影响。	我在行为中体现了对低期望学生的重视和尊重，但我是以一种较为机械的方式完成的。	我对策略的使用存在错误或遗漏。	我应当使用该策略，但却没有。

40. 如何向低期望学生提问？	
教师使用与高期望学生相同的频率和深度来向低期望学生提问。	
教师证据 ☐ 教师确保低期望学生回答问题的频率与高期望学生相同。 ☐ 教师确保向低期望学生提出难题的频率与高期望学生相同。	**学生证据** ☐ 被问及时，学生们表示教师希望每个人都能参与回答。 ☐ 被问及时，学生们表示教师会向每位学生提出难题。

我做得怎样？

	4 创新	3 应用	2 发展	1 开始	0 未使用
向低期望学生提问	我可以根据学生们的特殊需求或具体情况来调整和创造新的策略。	我使用与高期望学生相同的频率和深度来向低期望学生提问，并监控低期望学生的参与质量。	我使用与高期望学生相同的频率和深度来向低期望学生提问，但我是以一种较为机械的方式来完成的。	我对策略的使用存在错误或遗漏。	我应当使用该策略，但却没有。

41. 如何探究低期望学生的错误答案？	
教师使用与高期望学生相同的方式探究低期望学生的错误答案。	
教师证据 □ 当低期望学生回答错误时，教师要求他们进一步解释答案。 □ 当低期望学生回答错误时，教师重述问题。 □ 当低期望学生回答错误时，教师把问题分解成几个更小、更简单的部分。 □ 当低期望学生感到不知所措时，教师允许他们梳理自己的观点，但在稍后会回到他们身边。	**学生证据** □ 被问及时，学生们表示教师会让他们暂时“脱身”。 □ 被问及时，学生们表示教师“不会放弃你”。 □ 被问及时，学生们表示教师帮助他们成功地回答了问题。

我做得怎样？

	4 创新	3 应用	2 发展	1 开始	0 未使用
探究低期望学生的错误答案	我可以根据学生们的特殊需求或具体情况来调整和创造新的策略。	我使用与高期望学生相同的方式来探究低期望学生的错误答案，并监控低期望学生的回答水平和质量。	我使用与高期望学生相同的方式来探究低期望学生的错误答案，但我是以一种较为机械的方式来完成的。	我对策略的使用存在错误或遗漏。	我应当使用该策略，但却没有。

作者简介

罗伯特 · J. 马扎诺

博士，科罗拉多州丹佛市马扎诺资源有限公司联合创始人和首席学术官。他在教育领域深耕40余年，是著名的演说家和培训师，撰写著作30余本、文章150余篇，主题涉及教学、评估、制定和实施标准、认知、有效领导力和学校干预。他擅长将新研究成果转化为课堂教学策略，使之被教师和管理者广泛应用于实践，在国际上声名远播。马扎诺博士曾获纽约爱纳学院学士学位、西雅图大学硕士学位、华盛顿大学博士学位。

蒂娜 · 布格伦

硕士，曾任一线教师、英语系主任、教研员、数字教育工作者、专业开发人员和初级校领导。她是丹佛写作项目的研究员，并通过国家写作项目和国际阅读协会发表了多篇文章。蒂娜曾在学校、地区、州和国家各级发表演讲，并在国际阅读协会全国会议和巴诺教育者之夜担任特邀演讲嘉宾。她曾获科罗拉多州年度教师奖，并连续七年荣获杰出教师奖。蒂娜曾获爱荷华大学学士学位，科罗拉多大学丹佛分校硕士学位，目前在丹佛大学攻读教育管理和政策研究方向博士学位。

塔米 · 赫夫尔鲍尔

教育学博士，经验丰富的学校领导和顾问，在美国、澳大利亚、加拿大、丹麦、英国和荷兰等国的城市、乡村和郊区非常受欢迎。赫夫尔鲍尔博士曾是优秀的一线教师、初级校领导、学区领导、区域专业发展总监，并在国内外担任培训师。她还在若干所大学担任课程、教学与评估兼职教授，是几家州级和国家级教育组织的杰出成员和领导者。赫夫尔鲍尔博士曾任马扎诺研究中心（后更名为马扎诺资源有限公司）副总裁和高级学者，之后单独成立公司并担任首席执行官，旨在提供教育和商业解决方案。她还擅长有效沟通与表达，并将相关技巧撰写成文字，在全球范围内分享。

赫夫尔鲍尔博士荣获内布拉斯加州黑斯廷斯市黑斯廷斯学院文学学士学位，被授予杰出青年校友奖，其团队也被列入名人堂。她还获得了内布拉斯加大学奥马哈分校文学硕士学位和内布拉斯加大学林肯分校教育行政许可和教育管理博士学位。

杰西卡·卡诺德-麦金太尔

硕士，现在在伊利诺伊州布法罗格罗夫一所中学担任校长。她在营造学习环境方面是公认的领导者。在她营造的学习环境中，技术被用来助力教学实践。她在数学教学、与良好教学实践相关的技术使用，以及学区、学校和教师使用技术方面有着丰富的专业知识和实践经验。具体来说，她能够针对普罗米修斯交互式电子白板、SMART软件和学习者响应系统的使用提供培训。她的培训风格务实，符合教师的需求。杰西卡荣获惠顿学院基础教育文学学士学位和北伊利诺伊大学教育管理文学硕士学位。

黛布拉·皮克林

博士，为国内外的学校和学区提供咨询服务。在教育生涯中，皮克林博士获得了一线教师、初级领导和学区管理者等诸多相关实践经验。多年来，她一直利用这些经验为K-12学校的教师和管理工作者提供培训和支持，帮助他们不断提高学生们的学习水平。除了与学校合作，皮克林博士还执笔多部（合作者为马扎诺博士）教育图书和手册。结合扎实的理论基础和30多年的从业经验，她与教育工作者一道，将理论转化为实践。她持续关注学习研究，以及课程、教学与评估资源开发，以帮助所有教育工作者满足每位学生的需求。皮克林博士荣获学校管理学硕士学位和课程与教学博士学位，主要研究方向为认知心理学。

“常青藤”书系—中青文教师用书总目录

	书名	书号	定价
	特别推荐——从优秀到卓越系列		
★	从优秀教师到卓越教师：极具影响力的日常教学策略	9787515312378	33.80
★	从优秀教学到卓越教学：让学生专注学习的最实用教学指南	9787515324227	39.90
★	从优秀学校到卓越学校：他们的校长在哪些方面做得更好	9787515325637	59.90
★	卓越课堂管理（中国教育新闻网2015年度“影响教师的100本书”）	9787515331362	88.00
	名师新经典/教育名著		
	最难的问题不在考试中：先别教答案，带学生自己找到想问的事	9787515365930	48.00
	在芬兰中小学课堂观摩研修的365日	9787515363608	49.00
★	马文·柯林斯的教育之道：通往卓越教育的路径（《中国教育报》2019年度“教师喜爱的100本书”，中国教育新闻网“影响教师的100本书”。朱永新作序，李希贵力荐）	9787515355122	49.80
★	如何当好一名学校中层：快速提升中层能力、成就优秀学校的31个高效策略	9787515346519	49.00
★	像冠军一样教学：引领学生走向卓越的62个教学诀窍	9787515343488	49.00
	像冠军一样教学 2：引领教师掌握62个教学诀窍的实操手册与教学资源	9787515352022	68.00
★	如何成为高效能教师	9787515301747	89.00
★	给教师的101条建议（第三版）（《中国教育报》“最佳图书”奖）	9787515342665	49.00
★	改善学生课堂表现的50个方法（入选《中国教育报》“影响教师的100本书”）	9787500693536	33.00
	改善学生课堂表现的50个方法操作指南：小技巧获得大改变	9787515334783	39.00
	美国中小学世界历史读本 / 世界地理读本 / 艺术史读本	9787515317397等	106.00
	美国语文读本1-6	9787515314624等	252.70
	和优秀教师一起读苏霍姆林斯基	9787500698401	27.00
	快速破解60个日常教学难题	9787515339320	39.90
★	美国最好的中学是怎样的——让孩子成为学习高手的乐园	9787515344713	28.00
	建立以学习共同体为导向的师生关系：让教育的复杂问题变得简单	9787515353449	33.80
	教师成长/专业素养		
	更好的沟通：如何通过训练变得更可信、更体贴、更有人脉	9787515372440	59.90
	教师生存指南：即查即用的课堂策略、教学工具和课程活动	9787515370521	79.00
	如何更积极地教学	9787515369594	49.00
	教师的专业成长与评价性思考：专业主义如何影响和改变教育	9787515369143	49.90
	精益教育与可见的学习：如何用更精简的教学实现更好的学习成果	9787515368672	59.00
	教学这件事：感动几代人的教师专业成长指南	9787515367910	49.00
	如何更快地变得更好：新教师90天培训计划	9787515365824	59.90
	让每个孩子都发光：赋能学生成长、促进教师发展的KIPP学校教育模式	9787515366852	59.00
	60秒教师专业发展指南：给教师的239个持续成长建议	9787515366739	59.90
	通过积极的师生关系提升学生成绩：给教师的行动清单	9787515356877	49.00
	卓越教师工具包：帮你顺利度过从教的前5年	9787515361345	49.00
★	可见的学习与深度学习：最大化学生的技能、意志力和兴奋感	9787515361116	45.00
	学生教给我的17件重要的事：带给你爱、勇气、坚持与创意的人生课堂	9787515361208	39.80
★	教师如何持续学习与精进	9787515361109	39.00
	从实习教师到优秀教师	9787515358673	39.90
	像领袖一样教学：改变学生命运，使学生变得更好（中国教育新闻网2015年度“影响教师的100本书”）	9787515355375	49.00
★	你的第一年：新教师如何生存和发展	9787515351599	33.80
	教师精力管理：让教师高效教学，学生自主学习	9787515349169	39.90
	如何使学生成为优秀的思考者和学习者：哈佛大学教育学院课堂思考解决方案	9787515348155	49.90
	反思性教学：一个已被证明能让教师做到更好的培训项目（30周年纪念版）	9787515347837	59.90
★	凭什么让学生服你：极具影响力的日常教育策略（中国教育新闻网2017年度“影响教师的100本书”）	9787515347554	39.90
	运用积极心理学提高学生成绩（中国教育新闻网2017年度“影响教师的100本书”）	9787515345680	59.90

书名	书号	定价
可见的学习与思维教学：成长型思维教学的54个教学资源：教学资源版	9787515354743	36.00
可见的学习与思维教学：让教学对学生可见，让学习对教师可见（中国教育报2017年度“教师最喜爱的100本书”）	9787515345000	39.90
教学是一段旅程：成长为卓越教师你一定要知道的事	9787515344478	39.00
安奈特·布鲁肖写给教师的101首诗	9787515340982	35.00
万人迷老师养成宝典学习指南	9787515340784	28.00
中小学教师职业道德培训手册：师德的定义、养成与评估	9787515340777	32.00
成为顶尖教师的10项修炼（中国教育新闻网2015年度“影响教师的100本书”）	9787515334066	49.90
T. E. T. 教师效能训练：一个已被证明能让所有年龄学生做到最好的培训项目（30周年纪念版）（中国教育新闻网2015年度“影响教师的100本书”）	9787515332284	49.00
教学需要打破常规：全世界最受欢迎的创意教学法（中国教育新闻网2015年度“影响教师的100本书”）	9787515331591	45.00
给幼儿教师的100个创意：幼儿园班级设计与管理	9787515330310	39.90
给小学教师的100个创意：发展思维能力	9787515327402	29.00
给中学教师的100个创意： 如何激发学生的天赋和特长 / 杰出的教学 / 快速改善学生课堂表现	9787515330723等	87.90
以学生为中心的翻转教学11法	9787515328386	29.00
如何使教师保持职业激情	9787515305868	29.00
如何培训高效能教师：来自全美权威教师培训项目的建议	9787515324685	39.90
良好教学效果的12试金石：每天都需要专注的事情清单	9787515326283	29.90
让每个学生主动参与学习的37个技巧	9787515320526	45.00
给教师的40堂培训课：教师学习与发展的最佳实操手册	9787515352787	39.90
提高学生学习效率的9种教学方法	9787515310954	27.80
优秀教师的课堂艺术：唤醒快乐积极的教学技能手册	9787515342719	26.00
万人迷老师养成宝典（第2版）（入选《中国教育报》“2010年影响教师的100本书”）	9787515342702	39.00
高效能教师的9个习惯	9787500699316	26.00
课堂教学/课堂管理		
如何成为一名反思型教师	9787515372754	59.90
设计有效的教学评价与评分系统	9787515372488	49.90
卓有成效的课堂管理	9787515372464	49.90
如何在课堂上使用反馈和评价	9787515371719	49.90
跨学科阅读技能训练：让学生学会通过阅读而学习	9787515372105	49.90
老师怎么做，学生才会听：给教师的学生行为管理指南	9787515370811	59.90
精通式学习法：基于提高学生能力的学习方法	9787515370606	49.90
好的教学是设计出来的：一套详细、先进、实用的卓越课堂设计和实施方案	9787515370705	49.00
翻转课堂与差异化教学：以学生为中心的课内翻转教学法	9787515370590	49.00
精益备课法：在课堂上少做多得的实用方法	9787515370088	49.00
记忆教学法：利用记忆在课堂上建立深入和持久的学习	9787515370095	49.00
动机教学法：利用学习动机科学来提高课堂上的注意力和努力	9787515370101	49.00
课堂上的提问逻辑：更深度、更系统地促进学生的学习与思考	9787515369983	49.90
可见的教学影响力：系统地执行可见的学习5D深度教学	9787515369624	59.00
极简课堂管理法：给教师的18个精进课堂管理的建议	9787515369600	49.00
像行为管理大师一样管理你的课堂：给教师的课堂行为管理解决方案	9787515368108	59.00
差异化教学与个性化教学：未来多元课堂的智慧教学解决方案	9787515367095	49.90
如何设计线上教学细节：快速提升线上课程在线率和课堂学习参与度	9787515365886	49.00
设计型学习法：教学与学习的重新构想	9787515366982	59.00
让学习真正在课堂上发生：基于学习状态、高度参与、课堂生态的深度教学	9787515366975	49.00
让教师变得更好的75个方法：用更少的压力获得更快的成功	9787515365831	49.00
技术如何改变教学：使用课堂技术创造令人兴奋的学习体验，并让学生对学习记忆深刻	9787515366661	49.00
课堂上的问题形成技术：老师怎样做，学生才会提出好的问题	9787515366401	45.00

	书名	书号	定价
	翻转课堂与项目式学习	9787515365817	45.00
★	优秀教师一定要知道的19件事：回答教师核心素养问题，解读为什么要向优秀者看齐	9787515366630	39.00
	从作业设计开始的30个创意教学法：运用互动反馈循环实现深度学习	9787515366364	59.00
	基于课堂中精准理解的教学设计	9787515365909	49.00
	如何创建培养自主学习者的课堂管理系统	9787515365879	49.00
	如何设计深度学习的课堂：引导学生学习的176个教学工具	9787515366715	49.90
	如何提高课堂创意与参与度：每个教师都可以使用的178个教学工具	9787515365763	49.90
	如何激活学生思维：激励学生学习与思考的187个教学工具	9787515365770	49.90
	男孩不难教：男孩学业、态度、行为问题的新解决方案	9787515364827	49.00
★	高度参与的线上线下融合式教学设计：极具影响力的备课、上课、练习、评价项目教学法	9787515364438	49.00
★	跨学科项目式教学：通过“+1”教学法进行计划、管理和评估	9787515361086	49.00
	课堂上最重要的56件事	9787515360775	35.00
★	全脑教学与游戏教学法	9787515360690	39.00
★	深度教学：运用苏格拉底式提问法有效开展备课设计和课堂教学	9787515360591	49.90
★	一看就会的课堂设计：三个步骤快速构建完整的课堂管理体系	9787515360584	39.90
	如何有效激发学生学习兴趣	9787515360577	38.00
	如何解决课堂上最关键的9个问题	9787515360195	49.00
	多元智能教学法：挖掘每一个学生的最大潜能	9787515359885	39.90
★	探究式教学：让学生学会思考的四个步骤	9787515359496	39.00
	课堂提问的技术与艺术	9787515358925	49.00
	如何在课堂上实现卓越的教与学	9787515358321	49.00
	基于学习风格的差异化教学	9787515358437	39.90
★	如何在课堂上提问：好问题胜过好答案	9787515358253	39.00
★	高度参与的课堂：提高学生专注力的沉浸式教学	9787515357522	39.90
	让学习变得有趣	9787515357782	39.00
★	如何利用学校网络进行项目式学习和个性化学习	9787515357591	39.90
	基于问题导向的互动式、启发式与探究式课堂教学法	9787515356792	49.00
	如何在课堂中使用讨论：引导学生讨论式学习的60种课堂活动	9787515357027	38.00
	如何在课堂中使用差异化教学	9787515357010	39.90
★	如何在课堂中培养成长型思维	9787515356754	39.90
	每一位教师都是领导者：重新定义教学领导力	9787515356518	39.90
★	教室里的1-2-3魔法教学：美国广泛使用的从学前到八年级的有效课堂纪律管理	9787515355986	39.90
	如何在课堂中使用布卢姆教育目标分类法	9787515355658	39.00
	如何在课堂上使用学习评估	9787515355597	39.00
	7天建立行之有效的课堂管理系统：以学生为中心的分层式正面管教	9787515355269	29.90
	积极课堂：如何更好地解决课堂纪律与学生的冲突	9787515354590	38.00
	设计智慧课堂：培养学生一生受用的学习习惯与思维方式	9787515352770	39.00
	追求学习结果的88个经典教学设计：轻松打造学生积极参与的互动课堂	9787515353524	39.00
	从备课开始的100个课堂活动设计：创造积极课堂环境和学习乐趣的教师工具包	9787515353432	33.80
	老师怎么教，学生才能记得住	9787515353067	48.00
	多维互动式课堂管理：50个行之有效的方法助你事半功倍	9787515353395	39.80
	智能课堂设计清单：帮助教师建立一套规范程序和做事方法	9787515352985	49.90
	提升学生小组合作学习的56个策略：让学生变得专注、自信、会学习	9787515352954	29.90
	快速处理学生行为问题的52个方法：让学生变得自律、专注、爱学习	9787515352428	39.00
	王牌教学法：罗恩·克拉克学校的创意课堂	9787515352145	39.80
	让学生快速融入课堂的88个趣味游戏：让上课变得新颖、紧凑、有成效	9787515351889	39.00
★	如何调动与激励学生：唤醒每个内在学习者（李希贵校长推荐全校教师研读）	9787515350448	39.80
	合作学习技能35课：培养学生的协作能力和未来竞争力	9787515340524	59.00
	基于课程标准的STEM教学设计：有趣有料有效的STEM跨学科培养教学方案	9787515349879	68.00

书名	书号	定价
如何设计教学细节：好课堂是设计出来的	9787515349152	39.00
15秒课堂管理法：让上课变得有料、有趣、有秩序	9787515348490	49.00
混合式教学：技术工具辅助教学实操手册	9787515347073	39.80
从备课开始的50个创意教学法	9787515346618	39.00
中学生实现成绩突破的40个引导方法	9787515345192	33.00
给小学教师的100个简单的科学实验创意	9787515342481	39.00
老师如何提问，学生才会思考	9787515341217	49.00
教师如何提高学生小组合作学习效率	9787515340340	39.00
卓越教师的200条教学策略	9787515340401	49.90
中小学生执行力训练手册：教出高效、专注、有自信的学生	9787515335384	49.90
从课堂开始的创客教育：培养每一位学生的创造能力	9787515342047	33.00
提高学生学习专注力的8个方法：打造深度学习课堂	9787515333557	35.00
改善学生学习态度的58个建议	9787515324067	36.00
全脑教学（中国教育新闻网2015年度“影响教师的100本书”）	9787515323169	38.00
全脑教学与成长型思维教学：提高学生学习力的92个课堂游戏	9787515349466	39.00
哈佛大学教育学院思维训练课：让学生学会思考的20个方法	9787515325101	59.90
完美结束一堂课的35个好创意	9787515325163	28.00
如何更好地教学：优秀教师一定要知道的事	9787515324609	49.90
带着目的教与学	9787515323978	39.90
美国中小学生社会技能课程与活动（学前阶段/1-3年级/4-6年级/7-12年级）	9787515322537等	215.70
彻底走出教学误区：开启轻松智能课堂管理的45个方法	9787515322285	28.00
破解问题学生的行为密码：如何教好焦虑、逆反、孤僻、暴躁、早熟的学生	9787515322292	36.00
13个教学难题解决手册	9787515320502	28.00
让学生爱上学习的165个课堂游戏	9787515319032	59.00
美国学生游戏与素质训练手册：培养孩子合作、自尊、沟通、情商的103种教育游戏	9787515325156	49.00
老师怎么说，学生才会听	9787515312057	39.00
快乐教学：如何让学生积极与你互动（入选《中国教育报》“影响教师的100本书”）	9787500696087	29.00
老师怎么教，学生才会提问	9787515317410	29.00
快速改善课堂纪律的75个方法	9787515313665	39.90
教学可以很简单：高效能教师轻松教学7法	9787515314457	39.00
好老师可以避免的20个课堂错误（入选《中国教育报》“影响教师的100本图书”）	9787500688785	39.90
好老师应对课堂挑战的25个方法（《给教师的101条建议》作者新书）	9787500699378	25.00
好老师激励后进生的21个课堂技巧	9787515311838	39.80
开始和结束一堂课的50个好创意	9787515312071	29.80
好老师因材施教的12个方法（美国著名教师伊莉莎白“好老师”三部曲）	9787500694847	22.00
如何打造高效能课堂	9787500680666	29.00
合理有据的教师评价：课堂评估衡量学生进步	9787515330815	29.00
班主任工作/德育		
30年班主任，我没干够（《凭什么让学生服你》姊妹篇）	9787515370569	59.00
北京四中8班的教育奇迹	9787515321608	36.00
师德教育培训手册	9787515326627	29.80
好老师征服后进生的14堂课（美国著名教师伊莉莎白“好老师”三部曲）	9787500693819	39.90
优秀班主任的50条建议：师德教育感动读本（《中国教育报》专题推荐）	9787515305752	23.00
学校管理/校长领导力		
哈佛大学教育学院学校创新管理课	9787515369389	59.90
如何构建积极型学校	9787515368818	49.90
卓越课堂的50个关键问题	9787515366678	39.00
如何培育卓越教师：给学校管理者的行动清单	9787515357034	39.00
学校管理最重要的48件事	9787515361055	39.80
重新设计学习和教学空间：设计利于活动、游戏、学习、创造的学习环境	9787515360447	49.90

书名	书号	定价
重新设计一所好学校：简单、合理、多样化地解构和重塑现有学习空间和学校环境	9787515356129	49.00
让樱花绽放英华	9787515355603	79.00
学校管理者平衡时间和精力的21个方法	9787515349886	29.90
校长引导中层和教师思考的50个问题	9787515349176	29.00
如何定义、评估和改变学校文化	9787515340371	49.90
优秀校长一定要做的18件事（入选《中国教育报》“2009年影响教师的100本书”）	9787515342733	39.90
学科教学/教科研		
精读三国演义20讲：读写与思辨能力提升之道	9787515369785	59.90
中学古文观止50讲：文言文阅读能力提升之道	9787515366555	59.90
完美英语备课法：用更短时间和更少材料让学生高度参与的100个课堂游戏	9787515366524	49.00
人大附中整本书阅读取胜之道：让阅读与作文双赢	9787515364636	59.90
北京四中语文课：千古文章	9787515360973	59.00
北京四中语文课：亲近经典	9787515360980	59.00
从备课开始的56个英语创意教学：快速从小白老师到名师高手	9787515359878	49.90
美国学生写作技能训练	9787515355979	39.90
《道德经》妙解、导读与分享（诵读版）	9787515351407	49.00
京沪穗江浙名校名师联手教你：如何写好中考作文	9787515356570	49.90
京沪穗江浙名校名师联手授课：如何写好高考作文	9787515356686	49.80
★ 人大附中中考作文取胜之道	9787515345567	59.90
★ 人大附中高考作文取胜之道	9787515320694	49.90
★ 人大附中学生这样学语文：走近经典名著	9787515328959	49.90
四界语文（入选《中国教育报》2017年度“教师喜爱的100本书”）	9787515348483	49.00
让小学一年级孩子爱上阅读的40个方法	9787515307589	39.90
让学生爱上数学的48个游戏	9787515326207	26.00
轻松100 课教会孩子阅读英文	9787515338781	88.00
情商教育/心理咨询		
如何防止校园霸凌：帮助孩子自信、有韧性和坚强成长的实用工具	9787515370156	59.90
连接课：与中小学学科课程并重的一门课	9787515370613	49.90
给大人的关于儿童青少年情绪与行为问题的应对指南	9787515366418	89.90
教师焦点解决方案：运用焦点解决方案管理学生情绪与行为	9787515369471	49.90
9节课，教你读懂孩子：妙解亲子教育、青春期教育、隔代教育难题	9787515351056	39.80
★ 学生版盖洛普优势识别器（独一无二的优势测量工具）	9787515350387	169.00
与孩子好好说话（获“美国国家育儿出版物（NAPPA）金奖”）	9787515350370	39.80
中小学心理教师的10项修炼	9787515309347	36.00
★ 别和青春期的孩子较劲（增订版）（入选《中国教育报》“2009年影响教师的100本书”）	9787515343075	39.90
★ 100条让孩子胜出的社交规则	9787515327648	28.00
守护孩子安全一定要知道的17个方法	9787515326405	32.00
幼儿园/学前教育		
幼儿园室内区域活动书：107个有趣的学习游戏活动	9787515369778	59.90
幼儿园户外区域活动书：106个有趣的学习游戏活动	9787515369761	59.90
中挪学前教育合作式学习：经验·对话·反思	9787515364858	79.00
幼小衔接听读能力课	9787515364643	33.00
用蒙台梭利教育法开启0~6岁男孩潜能	9787515361222	45.00
德国幼儿的自我表达课：不是孩子爱闹情绪，是她/他想说却不会说！	9787515359458	59.00
德国幼儿教育成功的秘密：近距离体验德国学前教育理念与幼儿园日常活动安排	9787515359465	49.80
美国儿童自然拼读启蒙课：至关重要的早期阅读训练系统	9787515351933	49.80
幼儿园30个大主题活动精选：让工作更轻松的整合技巧	9787515339627	39.80
★ 美国幼儿教育活动大百科：3-6岁儿童学习与发展指南用书 科学 / 艺术 / 健康与语言 / 社会	9787515324265等	600.00
蒙台梭利早期教育法：3-6岁儿童发展指南（理论版）	9787515322544	29.80
蒙台梭利儿童教育手册：3-6岁儿童发展指南（实践版）	9787515307664	33.00

书名	书号	定价
自由地学习：华德福的幼儿园教育	9787515328300	49.90
教育主张/教育视野		
为问题提出而教：支持学生从问题走向问题解决的学习模型	9787515372716	59.90
重新定义教育：为核心素养而教，为生存能力而学	9787515369945	59.90
重新定义学习：如何设计未来学校与引领未来学习	9787515367484	49.90
教育新思维：帮助孩子达成目标的实战教学法	9787515365848	49.00
教学是如何发生的：关于教学与教师效能的开创性研究及其实践意义	9787515370323	59.90
学习是如何发生的：教育心理学中的开创性研究及其实践意义	9787515366531	59.90
父母不应该错过的犹太人育儿法	9787515365688	59.00
如何在线教学：教师在智能教育新形态下的生存与发展	9787515365855	49.00
正向养育：黑幼龙的慢养哲学	9787515365671	39.90
颠覆教育的人：蒙台梭利传	9787515365572	59.90
如何科学地帮助孩子学习：每个父母都应知道的77项教育知识	9787515368092	59.00
学习的科学：每位教师都应知道的99项教育研究成果（升级版）	9787515368078	59.90
学习的科学：每位教师都应知道的77项教育研究成果	9787515364094	59.00
真实性学习：如何设计体验式、情境式、主动式的学习课堂	9787515363769	49.00
哈佛前1%的秘密（俞敏洪、成甲、姚梅林、张梅玲推荐）	9787515363349	59.90
基于七个习惯的自我领导力教育设计：让学校育人更有道，让学生自育更有根	9787515362809	69.00
终身学习：让学生在未来拥有不可替代的决胜力	9787515360560	49.90
颠覆性思维：为什么我们的阅读方式很重要	9787515360393	39.90
如何教学生阅读与思考：每位教师都需要的阅读训练手册	9787515359472	39.00
成长型教师：如何持续提升教师成长力、影响力与教育力	9787515368689	48.00
教出阅读力	9787515352800	39.90
为学生赋能：当学生自己掌控学习时，会发生什么	9787515352848	33.00
如何用设计思维创意教学：风靡全球的创造力培养方法	9787515352367	39.80
如何发现孩子：实践蒙台梭利解放天性的趣味游戏	9787515325750	32.00
如何学习：用更短的时间达到更佳效果和更好成绩	9787515349084	49.00
教师和家长共同培养卓越学生的10个策略	9787515331355	27.00
如何阅读：一个已被证实的低投入高回报的学习方法	9787515346847	39.00
芬兰教育全球第一的秘密（钻石版）（《中国教育报》等主流媒体专题推荐）	9787515359922	59.00
培养终身学习能力和习惯的芬兰教育：成就每一个学生，拥有适应未来的核心素养和必备技能	9787515370415	59.00
杰出青少年的7个习惯（精英版）	9787515342672	39.00
杰出青少年的7个习惯（成长版）	9787515335155	29.00
杰出青少年的6个决定（领袖版）（全国优秀出版物奖）	9787515342658	49.90
7个习惯教出优秀学生（第2版）（全球畅销书《高效能人士的七个习惯》教师版）	9787515342573	39.90
学习的科学：如何学习得更好更快（入选中国教育网2016年度“影响教师的100本书”）	9787515341767	39.80
杰出青少年构建内心世界的5个坐标（中国青少年成长公开课）	9787515314952	59.00
跳出教育的盒子（第2版）（美国中小学教学经典畅销书）	9787515344676	35.00
夏烈教授给高中生的19场讲座	9787515318813	29.90
学习之道：美国公认经典学习书	9787515342641	39.00
翻转学习：如何更好地实践翻转课堂与慕课教学（中国教育新闻网2015年度“影响教师的100本书”）	9787515334837	32.00
翻转课堂与慕课教学：一场正在到来的教育变革	9787515328232	26.00
翻转课堂与混合式教学：互联网+时代，教育变革的最佳解决方案	9787515349022	29.80
翻转课堂与深度学习：人工智能时代，以学生为中心的智慧教学	9787515351582	29.80
奇迹学校：震撼美国教育界的教学传奇（中国教育新闻网2015年度“影响教师的100本书”）	9787515327044	36.00
学校是一段旅程：华德福教师1-8年级教学手记	9787515327945	49.00
高效能人士的七个习惯（30周年纪念版）（全球畅销书）	9787515360430	79.00